HISTOIRE

DE

SAINT-MARTIN-DU-TOUCH

(BANLIEUE DE TOULOUSE)

PAR

M. le Docteur DELAUX

AVEC LA COLLABORATION DE

MM. Raymond DURBES, Antonin RIGAUD et Vincent MONTET

TOULOUSE

IMPRIMERIE SAINT-CYPRIEN

27, ALLÉES DE GARONNE, 27

1902

HISTOIRE

DE

SAINT-MARTIN-DU-TOUCH

(BANLIEUE DE TOULOUSE)

D. O. M.

Le Conseil municipal de Toulouse, ayant voté la construction d'une nouvelle église paroissiale dans la banlieue de Saint-Martin-du-Touch, à la place de l'ancien temple qui tombait en ruines, Monseigneur d'Astros, Très Illustre et Très Révérend Archevêque de Toulouse et de Narbonne, Primat des Gaules, posa très solennellement la première pierre de ce saint édifice, le 13 août 1847, en présence des magistrats très respectables de la Cité.

Régnant très heureusement, Louis-Philippe Ier ;

Le vicomte Duchatel, pair de France, étant préfet du département ;

Jacques Milhès, maire de la commune par intérim ;

Jacques-Jean Esquié, architecte de la ville.

Conseillers municipaux :

Joseph Albert,	Auguste Virebent,
Joachim Arzac,	Polycarpe Maguès,
Frédéric Lignières,	Charles de Lartigue,
Arnaud de Laburthe,	Marguerite Viguerie,
Prosper Ferradou,	Vincent Cibiel,
Jean Gasc,	Léon Massabiau,
Alexis Bories,	Antoine Cayrel,
Jean Roquelaine,	Edouard Martin,
Vincent Gadrat,	Hyacinthe, Mis d'Hautpoul,
Adolphe Lafiteau,	Jean Laffont,
Adolphe Martin,	Raymond de Capèle,
Auguste Ducassé,	Philippe Flottes,
Charles Guilhot,	Alexandre Daunassans,
Urbain Vitry,	Pierre Pougés,
Adolphe Loubers,	Gabriel Bahuaud,
Philippe Féral,	Emile de Perpessac,
Bernard Capelle,	Isidore Naudin,
Henri Doujat, Bn d'Empeaux	Armand Lestrade.

Jean-Bernard-Grégoire de Sède, curé.

Marguilliers :

Auguste de Naurois,	Dominique Marquès.
Paulin de Malafosse,	Pierre Rolland,
Jean Grimaud,	Raymond Dénemix.
Jean Dénemix,	

HISTOIRE

DE

SAINT-MARTIN-DU-TOUCH

(BANLIEUE DE TOULOUSE)

PAR

M. le Docteur DELAUX

AVEC LA COLLABORATION DE

MM. Raymond **DORBES**, Antonin **RIGAUD** et Vincent **MONTET**

TOULOUSE

IMPRIMERIE SAINT-CYPRIEN

27, ALLÉES DE GARONNE, 27

1902

A nos Bienfaiteurs,

A nos bons Compatriotes,

Au moment de faire paraître l'Histoire de Saint-Martin-du-Touch, notre première pensée a été pour vous. Nous vous dédions cette modeste étude, parce que c'est vous qui en avez fait naître l'idée, et qui nous avez surtout encouragés pour mener notre entreprise à bonne fin. Vous nous avez souvent prouvé que vous aimez notre pays et que le souvenir de nos devanciers vous est cher. En vous faisant hommage de cette brochure, nous serions heureux de répondre dignement à vos sentiments généreux et de réussir à vous intéresser.

Puissions-nous, en même temps, sauver de l'oubli les personnes respectables qui ont illustré notre petite patrie et faire passer leurs noms à la postérité.

Dr DELAUX, DORBES, RIGAUD, MONTET.

AVANT-PROPOS

« L'étude de l'histoire locale est envelop-
« pée d'un charme pénétrant, elle offre un
« attrait secret et particulier, car elle donne
« satisfaction à l'un des sentiments les plus
« naturels du cœur humain, celui qu'on a
« appelé l'Amour du Clocher. C'est le clocher
« qui nous rappelle les plus douces et les
« plus fraîches impressions de notre jeunesse.
« A mesure que nous avançons dans la vie,
« nous avons besoin de savoir plus complè-
« tement ce que pensaient avant nous ceux
« qui s'agitaient sur les rives où nous nous
« agitons nous-mêmes. Nous aimons à évo-
« quer leur mémoire, à faire revivre tous
« les souvenirs qui se rattachent à l'histoire
« de la petite patrie où nous avons appris à
« aimer si tendrement la grande. »

(Discours de M. Héron de Villefosse
*au Congrès des Sociétés savantes
de Toulouse, le 8 avril 1899.)*

Nous aurions voulu pouvoir offrir à nos lecteurs un livre d'histoire écrit dans la forme habituellement adoptée par les auteurs de monographies locales ; mais les conditions essentielles nous manquent.

Le village de Saint-Martin-du-Touch a fait partie du Capitoulat de la Daurade jusqu'à la Révolution, et, depuis cette époque, il ne représente qu'une section de la commune de Toulouse.

Il n'a donc jamais eu de juridiction spéciale, et, par conséquent, une existence indépendante. D'autre part, les rares événements qui se sont passés sur son territoire n'ont pas une grande importance ; ils ne pourraient fournir matière qu'à une narration très courte et sans

1

intérêt pour ceux qui ne connaissent pas notre pays. Ils ont trait, pour la plupart, à la vie paroissiale qui a toujours préoccupé les habitants, bien plus que l'Administration civile dont le siège est à six kilomètres de distance.

Notre œuvre ne peut donc être qu'un simple recueil de notes, auquel nous avons donné d'ailleurs tous nos soins pour le rendre aussi complet et aussi intéressant que possible.

Cependant, pour procéder avec plus de clarté, nous donnerons, dans une première partie, un aperçu rapide de l'histoire du village avec les éléments dont nous pouvons disposer.

Les trois chapitres suivants seront consacrés à l'exposition des documents historiques qui concernent en particulier la propriété, l'église et la population.

Afin de conserver à notre travail son caractère local, nous emploierons quelquefois des expressions qui ne sont plus dans le dictionnaire, et qui étaient jadis usitées, telles que : *moulon, gardiage, bouzigue, borde,* etc. L'orthographe fantaisiste de plusieurs citations sera également reproduite dans le même but; mais toutes ces irrégularités seront imprimées en caractères spéciaux.

Nous indiquerons aussi, au fur et à mesure, les sources auxquelles nous avons puisé nos renseignements et les titres authentiques que nous avons consultés.

Nous ne saurions oublier, sans manquer à notre devoir, de remercier, d'abord, MM. les Archivistes de Toulouse qui ont mis si gracieusement à notre disposition leurs précieuses collections.

Nous les prions de vouloir bien agréer l'hommage de notre profonde gratitude.

CHAPITRE PREMIER

Exposé sommaire
de l'Histoire de Saint-Martin-du-Touch.

Nous ne savons rien de l'histoire de notre village dans les temps anciens.

On a découvert, il y a quelques années seulement, une voie pavée, allant de l'est à l'ouest, à travers notre plaine, et se dirigeant vers la commune de Blagnac, où elle a été également signalée.

Des travailleurs ont trouvé auprès de cette voie des monnaies, des débris d'armures et autres objets du temps de l'invasion romaine ; on n'a malheureusement rien conservé qui permette de leur assigner une date précise. M. Lavigne, dans son *Histoire de Blagnac*, désigne ce chemin large de six à sept mètres, comme la voie romaine de Toulouse à Eauze, passant par Lectoure.

Il ne paraît pas qu'il y ait eu de constructions sur notre territoire avant le treizième siècle, et l'origine de Saint-Martin ne saurait être sûrement indiquée. Les premiers titres sérieux pouvant nous intéresser sont les lettres patentes de Philippe III, roi de France, sur le temporel des évêques de Toulouse, datées de l'Hôpital, près Corbeil, en septembre 1279. « La juridiction épis-

« copale est limitée, au levant, à la rivière du Lhers : le
« Roi conserve la plénitude de ses droits depuis cette
« rivière aux bords du Touch, réserve faite des biens
« du chapitre et de l'évêque, dans l'enceinte de la
« ville.

« On voit, établies également, les limites du territoire
« privilégié de la banlieue dont les habitants sont
« exempts de *leude* et de *péage*, payent les tailles et les
« collectes de la commune, suivent l'armée communale
« sous les enseignes de la *partida* à laquelle ils sont
« attachés, font les mariages et les baptêmes dans les
« églises de Toulouse.

« Tandis que les autres habitants de la *Viguerie*
« payent différents droits féodaux au roi, suivent les
« bannières du *Viguier* à la guerre, ont leurs églises
« paroissiales, leurs Consuls et leurs Gardes-terre,
« ainsi que leurs officiers de justice à la création du
« Viguier (1). »

Dans ces documents, quoique le Touch soit plusieurs
fois désigné, il n'est question d'aucun village bâti sur
sa rive gauche.

Pour se faire une idée juste des distinctions que
nous venons de citer, il importe de savoir que, jusqu'au
treizième siècle, le *gardiage* de Toulouse avait pour
limites : au levant, la rivière du Lhers ; au couchant,
le Touch ; au nord, le château de Saint-Michel et les
prés de la *Mascotte* situés en face ledit Saint-Michel,
sur la rive droite de la Garonne ; enfin, au midi, une
ligne allant de Braqueville au-dessous de Pouvourville.

Le 10 mai 1226, les Consuls de la ville, assemblés
dans l'église Saint-Sernin du Taur, rédigèrent une

(1) *Inventaire des Archives communales de Toulouse*, par M. Roschach.

requête et la présentèrent à Raymond VII comte de Toulouse.

Dans cette requête, ils le suppliaient de reculer, d'une lieue environ, les bornes du *gardiage* pour former une grande *viguerie*. Cela leur fut accordé et le 11 du mois de juin suivant, lesdits Consuls en fixèrent les limites, comme il est dit plus bas; régnant Louis VIII, roi de France, et du vivant de Foulques, évêque de Toulouse. Selon la coutume, les bornes furent marquées, sur des pierres ou des arbres, d'une croix de saint André, ayant la forme d'un X, qui veut dire dix ou *dex* en langage vulgaire.

Telle était la signification du *Dex toulousain* qui servait aussi quelquefois à indiquer la séparation des propriétés particulières dans le Languedoc.

La limite de la nouvelle *viguerie* partait d'une pierre plantée au-dessus de Portet et passait par Villeneuve, La Salvetat Saint-Gilles, Pibrac, le ruisseau de Gajan, Aussonne et Seilh.

Elle se continuait par Lespinasse, Novital (1), Bruguières, Gratentour, Montbéron, Castelmaurou, Beaupuy, Lavalette, Drémil, Lafage, le ruisseau qui est au-delà de la chapelle Saint-Julien (2), Le Pujol, Auzielle, Escalquens, Péchabou, Rébigue, Auzeville et Pinsaguel.

Il résulte de ces indications, que le territoire de Saint-Martin-du-Touch n'était pas compris dans *la viguerie* de Toulouse avant 1226, et qu'il y fut annexé, cette année-là par Raymond VII.

Il est très probable aussi que l'origine du village ne remonte qu'à la même époque, car on ne découvre,

(1) Le château seigneurial de Novital est actuellement la propriété de M. le Docteur Rességuet.

(2) Le ruisseau de la Saune qui limite au sud la commune d'Aigrefeuille.

dans les temps précédents, ni habitants, ni constructions.

La première famille connue, ayant possédé des biens, ou vécu à Saint-Martin, est la famille de Subreville.

Par acte du 30 novembre 1235, retenu par Me Rayna, notaire à Toulouse, Guillaume-Bertrand de Subreville vendit la métairie de Layrac, avec ses dépendances, au sieur Hugolenc Arnal. Ce dernier acheta bientôt après plusieurs terres voisines pour agrandir ladite métairie.

Le bien d'Hugolenc Arnal fut revendu au sieur Guillaume Prim, riche commerçant de Toulouse, le 25 novembre 1292, par acte passé devant Me Dupuy, notaire. C'est donc sur la propriété de Layrac et au commencement du treizième siècle que prit naissance notre village, dont le nom se confondit pendant deux cents ans avec celui de ce domaine.

La fondation de Saint-Martin, au point de vue religieux, ne date, au contraire, que de la fin du même siècle ; et, s'il n'est pas possible d'affirmer que Guillaume Prim en fut l'auteur, il est certain qu'il contribua puissamment à son organisation.

En l'année 1300, il est question, pour la première fois, de l'église, dans plusieurs baux emphytéotiques qui font actuellement partie de nos archives départementales (fonds des Clarisses). Par ces actes, Guillaume Prim concéda divers terrains de peu d'importance, situés au centre de la nouvelle paroisse, pour lui donner sans doute un peu de vie ; mais il lui assura bientôt après une grande prospérité en léguant sa métairie de Layrac aux religieuses de Sainte-Claire. Par son testament du 6 novembre 1325, il leur donna, en effet, la moitié du territoire du village, au nord de la route de l'Isle-en-Jourdain. Ces dames en conservèrent la seigneurie pendant quatre-cent soixante-cinq ans, et, grâce à leur influence, la culture suivit toujours une marche progressive. Embarrassées, en premier lieu, de leurs terres et ne pouvant les faire valoir, elle les divisèrent au commencement du quinzième siècle, pour fonder les grandes métairies ou fiefs nobles d'Ardizas, de la Cassanette, du Giponier et de Barlet. En même temps, elles firent divers achats ou échanges de terrains qui eurent pour résultat la formation de la métairie de La Bouriette dite, pour ce motif, d'origine rurale.

La seconde moitié du territoire de Saint-Martin située au midi de la route de l'Isle resta probablement inculte plus longtemps. Le seigneur Louis du Bourg la possédait tout entière au quinzième siècle. Suivant l'exemple des Clarisses, il fonda à cette époque les grands fiefs de la Borde-Blanche ou Chabanassy, de Rouleau et de Saint-Aubin pour tirer un meilleur parti de son immense domaine.

Les choses restèrent en cet état jusqu'au seizième siècle, pendant lequel la vie paroissiale prit un nouvel essor. L'église fut alors enrichie de rentes importantes et reconnues sur différents biens par actes notariés, en présence des marguilliers dont il est question dans les dits actes pour la première fois.

Les esprits furent grandement troublés pendant ce même siècle par les discussions et les désordres qui eurent lieu à propos de la réforme protestante. La guerre civile, allumée pour longtemps, fit couler beaucoup de sang à Toulouse et dans les pays environnants, mais il ne paraît pas que l'hérésie ait jamais pénétré dans notre paroisse. Nous n'en avons trouvé trace nulle part, quoiqu'on puisse constater cependant un redoublement de zèle religieux dû certainement à la rivalité qui existait entre les catholiques et les huguenots. La fondation de notre dévote confrérie de Saint-Martin date de cette époque.

Sur l'invitation des Etats du Languedoc, le cardinal de Joyeuse, archevêque de Toulouse, assembla un

Concile provincial en mai 1590 et fit établir des règles
précises pour l'administration des églises : les visites
pastorales furent multipliées, la tenue des registres
paroissiaux fut ordonnée, la résidence des curés devint
obligatoire et tout ce qui avait trait à la direction spirituelle et temporelle fut l'objet d'importantes délibé-
rations. Au commencement du dix-septième siècle, le
nouveau régime était institué à Saint-Martin par les
soins du susdit archevêque qui fut le véritable restau-
rateur de la discipline ecclésiastique. Le village n'avait
alors que vingt-sept maisons et deux cents habitants
environ, mais il s'accrut rapidement pendant le siècle
suivant.

Presqu'au même instant, un bouleversement considérable s'opéra dans le mode d'exploitation de la propriété rurale : les nobles tenanciers des grands fiefs
créés par les Clarisses et par Mre Louis du Bourg concé-
dèrent aux travailleurs de petits terrains, moyennant
des rentes très modestes. Les preneurs s'obligeaient en
outre à construire des maisons ou à planter des vignes
dans un délai de deux ans, ce qui explique pourquoi
cette dernière culture occupa bientôt la plus grande
partie du territoire. Ainsi firent les Doujat à *Barlet*, les
de Cheverry à *Ardizas*, les Maignan à la *Cassanette*, les
Fourcade au *Giponier*, Antoinette Grosse à *Rouleau*, les
de Pins et les Maynard de l'Estang à *Chabanassy*. *Le
Peyrot* fut distrait de *Chabanassy* pendant cette période.

Cette subdivision de la propriété fut l'occasion d'un
grand progrès et un motif d'encouragement pour les
ouvriers de la campagne qui vinrent de tous les côtés
pour coloniser le village. C'est de ce moment que date
l'arrivée des principales familles contemporaines ; dans
les documents particuliers, reproduits plus bas, nous
les verrons se développer graduellement et s'attacher
au sol de plus en plus. Le village fut constitué défini-

tivement pendant le dix-septième siècle : des maisons nombreuses furent bâties dans les principaux quartiers ; en même temps, la terre fut entièrement défrichée et couverte de vignes ou d'arbres fruitiers. La rue du *Camp de Caulet* et celle qui conduit à Blagnac furent alors fondées par MM. Pierre Doujat et Charles de Cheverry. En 1700, le village comptait déjà cent cinquante maisons et cinq cents habitants. Les ressources avaient grandi en proportion, et, grâce au bon esprit qui régnait dans la paroisse, il se fit des fondations pieuses ou charitables qui ne laissèrent personne en souffrance. Les *obits* attachés à l'église et les dons en nature assuraient l'exercice du culte divin ; un oratoire dédié à Notre-Dame de Pitié et bâti au centre du village, était également pourvu d'une rente reconnue par son respectable fondateur, M. François de Laporte. En ce temps-là, des prêtres recommandables par leur savoir et leur piété furent successivement chargés de la direction de la paroisse avec le concours généreux et dévoué des grandes familles qui l'habitaient.

Dans les premières années du dix-huitième siècle, les frères Campgrand, propriétaires de *Saint-Aubin*, fondèrent le hameau de Fleurance, qui se couvrit bientôt de maisons. A la même époque eut lieu l'institution du Bureau de Charité pour le soulagement des pauvres, grâce à la générosité d'un vénérable prêtre libre, M. Arnaud Darthez, domicilié dans la paroisse. Les malades, en particulier, accueillirent avec reconnaissance cette bonne œuvre, qui fut d'un grand secours pendant les hivers rigoureux, surtout dans les années de mauvaise récolte. Les personnes notables se disputaient l'honneur de distribuer les aumônes et de servir l'église ; tous les paroissiens, sans exception, pratiquaient leurs devoirs religieux et n'avaient, pour ainsi dire, qu'un cœur et qu'une âme. C'est, sans contredit, un des plus beaux temps de notre histoire. Le village fut affligé, en 1734, d'une épidémie qui fit un grand nombre de victimes, à tel point que MM. les Capitouls durent intervenir pour faire rechercher la nature de cette maladie et les moyens d'y porter remède. Trente personnes, jeunes pour la plupart, en moururent dans les mois de janvier et de février.

La Providence envoya, vers le milieu du siècle, un recteur de grand mérite, M. François Roger, qui vint restaurer avec soin les édifices religieux, consolider les œuvres pies et enrichir le Bureau des pauvres par son inépuisable charité. L'arrivée de la famille de Lasplanes sur la propriété de Chabanassy rendit également de nombreux services à l'église et à la population. Tel fut l'état de la paroisse jusqu'à la Révolution, qui vint détruire, en quelques jours, le travail de plusieurs siècles.

Une réparation importante qui avait été faite de 1770 à 1775 produisit un grand changement dans le village : nous voulons parler de l'établissement de la nouvelle route de Bayonne passant par Auch, et de la reconstruction du pont sur le Touch. Cette grande voie, en facilitant les communications avec le pays de Gascogne, fut une cause de prospérité pour Saint-Martin. L'aspect du village fut heureusement modifié par le déblaiement de terrain qui fut exécuté pour adoucir la côte de l'avenue de Toulouse.

Il n'est pas sans intérêt de rappeler ici la fameuse panique qui se répandit dans les communes de France au moment de la Révolution, et l'effet qu'elle produisit à Saint-Martin. Nous tenons de nos grands-parents que soudain, au milieu des travaux de la moisson, des gens affolés arrivèrent du côté de la Gascogne, racontant que des bandes de malfaiteurs pillaient, tuaient et mettaient tout à feu et à sang à l'Isle-en-Jourdain et au-delà. Les habitants terrifiés quittaient leurs travaux et s'armaient de leurs faux et de leurs fourches pour se défendre des brigands; mais ils ne les virent jamais. Cette journée mémorable arriva pour nos aïeux le 3 août 1789, et fut appelée, pour ce motif, *la peur de Saint-Etienne*, à cause de la fête de ce saint, qui tombe ce jour-là. On s'est demandé quelle fut la cause de cette fausse alerte. Certains croient qu'elle se produisit sous l'influence de la terrible nouvelle lancée d'abord dans une première foule impressionnable, et que l'épouvante gagna rapidement de proche en proche tout le pays. D'autres historiens disent que cet affolement fut l'effet d'un mot d'ordre organisé par les révolutionnaires pour éprouver la résistance des masses laborieuses. Quoiqu'il en soit, les promoteurs de cette inqualifiable mystification comptaient sur la tension des esprits et la lassitude des travailleurs pour provoquer des désordres et atteindre plus facilement leur but. La population de Saint-Martin était en 1791 de 950 habitants.

La Révolution ne fit pas un grand mal dans la paroisse, quoique le curé dut partir pour refus de soumission à la Constitution et fut remplacé par un prêtre assermenté. On put constater, au contraire, une certaine rivalité entre les deux camps pour la pratique religieuse. A part quelques vexations dont furent l'objet les partisans de l'ancien régime, il n'y eut pas de désordres et encore moins de victimes. Les faits les plus graves consistèrent en joyeux banquets et abondantes libations, les jours de décade, aux dépens des royalistes. Le culte régulier fut rétabli en 1800, et les habitants se réconcilièrent généreusement.

En 1814, le village fut un moment troublé par les manœuvres de troupes qui eurent lieu autour de la ville, dans les jours qui précédèrent la bataille de Toulouse. Saint-Martin fut occupé du 24 au 27 mars par l'aile droite de l'armée française, composée des divisions Taupin et Maransin, sous le commandement du lieutenant-général Reille. Le 28, cette armée se replia et se mit en ligne de bataille sur les hauteurs de Purpan, en conservant la garde des ponts sur le Touch, entre Blagnac et Tournefeuille. Les Anglais, craignant la résistance des travaux de défense du faubourg Saint-Cyprien, firent une diversion vers Portet pour tenter sur ce point le passage de la Garonne. Les difficultés qu'ils rencontrèrent pour avancer dans les terrains boueux de la rive droite, que protégeait aussi l'artillerie, placée sur les coteaux de Pech-David, les fit renoncer à une attaque de ce côté de la ville. La masse des troupes ennemies, qui était restée sur la rive gauche de la Garonne, fut alors dirigée sur Seilh, où eut lieu le passage du fleuve, le 3 avril. Depuis ce jour, on ne vit plus de soldats à Saint-Martin. Les femmes et les enfants s'étaient réfugiés pour la plupart dans Toulouse, mais les habitants qui étaient restés pour garder leurs foyers, n'avaient pas eu beaucoup à souffrir du passage de l'armée ennemie.

Le dix-neuvième siècle a été surtout remarquable par les progrès de l'agriculture et l'accroissement de la richesse à Saint-Martin. La vente en parcelles des grandes propriétés en fut la première cause ; ensuite, la paix dont jouit la France après les guerres meurtrières du premier Empire rendit la liberté aux ouvriers de la campagne, qui se donnèrent tout entiers à leurs travaux. Un autre élément de prospérité a été l'établissement des voies ferrées, qui ont facilité l'écoulement des produits agricoles, dans la seconde moitié de ce siècle. La proximité de Toulouse, qui a permis aux travailleurs de se procurer en abondance des engrais de toute nature, leur a assuré un grand avantage pour l'augmentation des récoltes. Grâce à ce puissant secours, les cultures ont été multipliées et ont donné des rendements supérieurs. Enfin, l'industrie du blanchissage du linge, pratiquée sur une vaste échelle, a été la source la plus sûre et la plus abondante de nos revenus. La population actuelle du village est de mille habitants environ.

La religion a fait aussi de grands progrès dans notre siècle jusqu'en 1870 : le rétablissement de la confrérie de Saint-Martin en 1816, par M. Rocous de Saint-Amans ; la grande mission donnée par M. Jean-Baptiste Comère, en 1836 ; la reconstruction de l'église, en 1850, et la fondation de l'école gratuite des Sœurs de la Croix, en 1854, par M. de Sède, sont les quatre grandes œuvres de ces derniers temps. Mais, depuis trente ans, un esprit nouveau s'est manifesté qui tend à détruire peu à peu la foi et la morale chrétiennes ; par suite, les mauvaises doctrines et les vices se sont tellement développés, qu'on est justement inquiet aujourd'hui sur l'avenir de notre pays.

CHAPITRE II

Documents
concernant l'Histoire de la Propriété.

Il est certain qu'au début, notre belle plaine de Saint-Martin fut peu cultivée ; elle était en grande partie couverte de bois de chênes (*cassanados*) ou de pousses de bruyères (*brugnos*). Sur les bords de ces bois fut bâtie la première *borde* qui fut la métairie de Layrac. Les terres furent peu à peu défrichées et ensuite données à fief, en commençant par celles qui entouraient l'église primitive.

Dans l'exposé que nous allons faire des possessions territoriales, nous conserverons les divisions par *moulons* et nous suivrons l'ordre établi dans les anciens cadastres. Nous ferons connaître surtout les grandes lignes, c'est-à-dire, les propriétés qui, en raison de leur étendue ou de leur situation, ont subi des transformations considérables. Nous expliquerons aussi, dans la mesure du possible, les modes de création ou de destruction des domaines les plus importants. Quoique le cadastre de 1478, qui est le plus ancien, soit très incomplet et un peu obscur sur certains points, nous le citerons le premier. Pour donner une idée juste de l'état des lieux et des coutumes à cette époque, nous avons pensé

qu'il était nécessaire de reproduire ce document tout
entier, dans le langage du temps et tel que nous l'avons
découvert :

EXTRAIT DU CADASTRE DE 1478

*Mélo de las posséssious que soun dessus en la borda de
Mº Johanet de la Gaya-Marya qu'es en de la lo Toçh et
dedins le consolat de Colomies entre le cami que ba de
San Simo à San Miquel et entre le cami de Tornafeilha
et le cami de Colomies comensant devers lo Toch et devers la borda de la Gaya-Marya marchand de Tholoso.*

*Mº Johan de la Gaya-Maria dessus dit a aqui una
borda qu'es dedins le consolat de Colomies, ya del terrador de la dita borda dins le gardiatge de Tholoso entre
la dito borda et le riou del Toch, I arpen de prat, II arpens de plantié noubel d'aquet an, II arpens de bosc,
XX arpens de terra labore et so de may, en lo cami de
Tornafeilla et lo riou del Perrequat ount y a uno parel
costa le dit riou, loqual riou dibiso lo gardiatge de Tholoso et le consolat de Colomies, estimat XII sols de rendo.*

*Item plus aqui aprep tenem al lo Toch et le cami de
Tornafeilha ha una otro borda o cabana de pailha
qu'es dedins unas paredassos, I arpen au plus de prat
LX o LXXX arpens o plus de terra labore, bosc, brugos; laquelo borda s'appella Nagalibonda. Laquelo borda
et terrador es arrendat par Mazeilho et ne fa V mesuros de blat, V parels de galinos de rendo.*

*Loys de Borg concapitol a aqui apres tenen à lo dit
riou del es Perrequat et en lo cossolat de Colomies hom
ha hum valat mayral que partis lo gardiatge de Tholoso
an lo dit cossolat, de Colomies, a uno borda appelada la
borda blanca ont ya I arpen de prat o plus DCCC arpens o plus de terro labore brugos et bosc tant dessa lo*

Toch con dela lo Toch que lot ha ten Miquel Darbo a
miejas cy monta so que el ne ha de profieyt caso an et
foc tot estimat arrendat XIII livros en aven regart
a tot so que ey estat als items de las autras bordas pre-
cédens et aussy sur so que cy stent al item de so de Bra-
cavila.

Item plus a aquy dela lo Toch tenen al lo terrador de
la borda Blança dessus dit et an lo terrador de las menoretas de Santa Clara uno otra borda nova appelada
de Sant Alby, unt solier, ont ha LXXX o C arpens o plus
de terra labore bosc et brugos que tot hot te arrendat
Ahliot Johan labore et s'en fa de renda IV mesuros de
blat IV parels de galinos cas an carga de tener repa-
rada la borda et so de aquelo borda cy estimat à I livro.

Item plus ha lo dit M° Loys de Borg dela lo Toch un
autra borda appelada la Teyssounessas que se confronto
an so dessus de la Gaya-Marya et en lo terrador del
consolat de Colomies ont ha II arpens o plus de prat
LXXX o C arpens o plus de terro labore bosc et brugos
que toi ho te arrendat J. Lopage labore et ne fa de rendo
V mesuros de blat, V parels de galinos casen an estimat
I livro.

Item plus a aquy aprep dessus lo Toch un otra borda
appelada la borda Bielha ques en dessus le pont de San-
Marti del Toch que se confronta en lo cami de Colomies
et en lo Toch et an so de Joly ont a I arpen o plus de prat
LX o LXXX arpens o plus de terro labore bosc et brugos
que tot ho te arrendat Johan Lopage labore en ne fa de
rendo V mesuros de blat V parels de galinos caso an
estimat I livro.

Madona Guirauda alios Rasponda a aqui apres dessus lo Toch, uno grando borda larga, un soliè, estables,
ort, for et fruitiès et autras serbituts ont ha II arpens
de vinha o plus IV arpens de prat o plus et CCL arpens
o plus de terro labore bosc, bartas et brugos, que tot ho

te arrendat per Deltil, laborador tct estimat IV livros X sols.

Domengo Salera, labore de San-Marti dcl Toch, a aqui aprep so de M° Loys de Borg devers Colomies, VII arpens de terro labore arrendat II sols VI diniès.

Johannot, gendre del dit Salera, labore de San-Marti a aquy aprep so dessus en dedin to terrador VII arpens de terro labore arrendat II sols IV diniès.

Domengo Salera, dessus dit, a aquy apres et dedins lo terrador VII arpens de terro labore, estimado com dessus II sols IV diniès.

Johanot, gendre del dit Salera, dessus dit, a aquy apres dedins lo terrador et tenen an lo cami traversiè que ben de la borda Blanca, VII arpens de terra estimat com dessus II sols VI diniès.

Las menoretas de Santa-Clara an aquy apres tenen al lo dit cami romieu de Colomiés et al lo cami trabersié, que bé de la borda blanca XV o XX arpens de terra labore et brugos III mezelhados de vinha uno borda et un petit solier un ort de fruitiès que tot ha le Ramonet Laverpia labore de San-Marti del Toch, et ne fa de rendo cas an X sols.

Domengo Salera dessus dit a aquy de tras so dessus et tenen à lo dit cami trabersié que ba a la dito borda blanca V arpens o plus de terro labore estimado com dessus et fa obligatiou a Jammet Portier I sol et VIII d.

Las menoretas del Castel ho de Santa-Clara han aquy apres dessus lo dit cami trabersié et tenen an so de M° Loys de Borg et an lo Toch II arpens de bosc VI arpens o plus de terro labore II arpens de prat et un tros de ort et de sol que tot ha le Ramonet Laverpia labore de San-Marti del Toch et an la dito terro y a X noyes o plus que tot es estimat VII s. VI d.

Domengo Salera a aquy apres so dessus tenen al lo dit cami trabersié et al lo Toch uno borda basso et ort,

III arpens de prat III arpens de terro labore et fa obligasion a Jammet Portier, que tot estimat II sols.

Mᶜ Loys de Borg dessus dit a aquy apres de lo Toch tenen al lo dit cami trabersié que ba a la borda blanco et tenen al lo Toch II arpens de terro labore que son de las partenensias de sa borda dessus dit que ten el Johan Lopage son gazailha dessus dit, foron estimat VIII diniés.

Johan Moran alias Mᶜ de Lasserra a aquy apres tenen al lo dit cami trabersié et an lo dit cami de Colomiés et an lo Toch II arpens o plus de terra labore ont commença de basti uno borda que y a sen que les fondomens de las parets per daban lo dit cami de Colomiés que bailleren et foron estimats com dessus et ne fa de renda perpetual II mesuros de blat II parels de capos et II parels de galinos cas un an à dona Guirauda et tot estimat I sol IX diniés.

Vidal Gayssia labore de San-Marti del Toch a aquy tenen al cami de Colomiés uno mezcilhado de terro labore estimado com dessus et fa obligasiou á Mᵒ Loys de Borg estimat I dinié.

Johan Brissonnet labore et hospitalié de l'hospital de San-Marti del Toch à aquy apres tenen al lo dit cami de Colomiés I arpen de terro labore estimat VI diniès.

Vidal Gayssia labore a aqui apres tenen al lo dit cami de Colomiès et al lo Toch oun fa cantou IV arpens de terro labore et fa obligatiou à Mᶜ Loys de Borg estimat I sol IV diniès.

Bernat Ruffat barbier al loc de Jammet Portier dessus dit a aquy apres lo Toch et tiran vers Tholoso tenen al lo dit Toch et lo cami de Colomiés on fa cantou et tenen al lo cami trabersié de Martres-Tolosanos et on fa metis cantou VI arpens de terro labore estimado com dessus II sols.

Jacmet de Velveyer a aquy apres tenen al lo dit cami

trabersié et al lo cami de Colomiés ont fa cantou et a
M° Loys de Borg, de part IV arpens de terro labore et
brvgos estimat XVI sols et VIII d.

Eustacy Ynart a aquy apres so dessus dit tenen lo dit
cami de Colomiés et a un viel cami que dintro dins las
terros oun fa cantou et punto XXX o XXXX arpens de
terre labore estimat XIII sols IV diniès.

M° Johan Bielle botge de Serviniéras a aquy detras
so dessus dedins le terrador et tenen al lo terredor de
Madona Rasponda, dessus dit et al lo dit cami trabersié
de Martres-Tolosanos uno borda un solier et estables
forn ort et autras serbituts, I arpen de vinha que fa II
à III pegas de by per an, LXX o LXXX arpens de
terro labore s'y baillat com dessus el météyé la fa labora
a lo ma et per sa porsion fot estimat I livro X sols.

Johannot de Eskne que demoro a me Jahannot|Ynart
païré et filhastre a aquy apres et dedins lo terrador
I arpen de vinha estimat I sol IV d.

Item plus a aquy II arpens de terro labore estimat
com dessus VIII diniès.

M. Leonard Rollan a aquy après dedins lo terrador et
al loc dit al claous del diagné o del diablé II arpens de
terro labore estimat VIII diniès.

Eustacy Inart dessus dit a aquy après dedins lo terrador III arpens de terro labore estimat I sol.

Item plus a aquy apres dedins lo terrador I arpen
de vinha o plus que fes XII pegas de vy per an estimat
VI sols.

Gentilha Relita de P. Vinsant et ella demora a las
humiéras a aquy dedins las ditos binhos et terros del dit
Ynart I arpen de vinha que fa I o II pegas de by per an
et se la fa trabailla per Deturba labore de San-Subra
que demora a l'ort de San-Jacme del cap del pont de San-
Subra estimat I sol.

Le présent extrait sus escrit a esté tiré d'un vieux livre d'estimes couvert de parchemin du Capitoulat de la Daurade. Escrit de lettres fort anciennes et en langage vulgaire n'y ayant trouvé ni commencement ni fin, soubs le couvert duquel livre y a une table ajoustée escrite d'autre main et nouveaux caractères contenant le nom des rues comprises au dit livre et autre table de noms de ceux qui tiennent maisons et possessions dans le Capitoulat de la Daurade contenant les mots : « Table des « noms des comprins et nommés dans le présent livre « ayant et tenant maisons et autres biens dans le capi- « toulat de la Daurade tant dedans Saint-Cyprien que « au dehors fait en l'an 1478. » Et au costé de la dite table est aussi escrit en les dits mots pour montrer que cette estime a été faite en l'an 1478 : « Voir au feuillet 840. » Et ayant parcouru pour trouver le dit feuillet, j'aurais trouvé que les derniers feuillets du dit livre suivant la cote des chiffres ne marquait que jusques à 839 et celui de 840 a esté esgaré. Lequel présent extrait sus escrit a esté tiré du dit livre en les mêmes forme et langage et le plus exactement et figurativement qu'il m'a été possible et y celui dûment collationné par moi greffier et secré-taire de l'Hostel de Ville de Tolose.

Le dit livre était au pouvoir des Révérants Pères Religieux de la Daurade y celui livre m'ayant esté exibé par le Révérant Pere Syndic du dit ordre et en plusieurs et diverses séances employées à cet effet et après la dite collation faite a esté par lui retiré et laissé en son pouvoir. En foi de ce me suis soubs signé.

VILLÉTART.

Après cette longue citation qui a une valeur indiscutable, nous allons décrire l'état de la propriété jusqu'à nos jours à partir du XVIᵉ siècle.

Le territoire de Saint-Martin-du-Touch, comprenait les 6ᵉ, 7ᵉ, 8ᵉ, 9ᵉ et 10ᵉ *moulons* du capitoulat de la Daurade. Nous y ajouterons toutefois le domaine de Marmande et le moulin Rigaud situés dans les 5ᵉ et 11ᵉ *moulons* et rattachés depuis peu de temps à la paroisse par ordonnance de S. E. le Cardinal de Clermont-Tonnerre.

VIᵉ Moulon

Ce *moulon* était borné au levant, par le Touch, au midi, par le grand chemin français, au couchant, par le chemin public de Saint-Martin à Blagnac et au nord par la route de Toulouse à Cornebarrieu.

Possessions des Clarisses au village

Les Dames de Sainte-Claire furent des premières et des plus considérables propriétaires de Saint-Martin. Après avoir fondé au quinzième siècle leurs grands fiefs nobles, elles conservèrent au centre du village un terrain de trois *arpents*, une *pugnère*, quatre *boisseaux*, entre le Touch, la route de l'Isle, le chemin de Blagnac et le domaine d'Ardizas qui aboutissait alors au presbytère actuel et à la prairie de l'*Aubarède*.

A la fin du même siècle, cette propriété qui entourait l'église et le cimetière fut divisée par les religieuses en quatre lots qui ont subi depuis des transformations intéressantes au point de vue de notre histoire. Ces quatre parcelles étaient : le champ de l'église, l'ancien presbytère, le quartier de l'hôpital et la prairie de l'Aubarède.

Champ de l'Église

Ce champ qui ne contenait qu'une *mézeillade* confrontait du nord, l'avenue de la vieille église et le cimetière ; du couchant, le chemin de Blagnac ; du midi, la route de l'Isle et du levant, la maison actuelle et jardin de M. Lavigne.

Les Clarisses fondèrent sur cette terre de petits fiefs en faveur des œuvres paroissiales, et pour ce motif, elle fut appellée *lé Camp de la Gleizo.*

Déjà de 1502 à 1503, eurent lieu plusieurs ventes ou échanges de terrains dépendant de la seigneurie cédée à l'église par les religieuses, suivant actes retenus par M⁰ Mandinelly, notaire de Toulouse. Nous citons les principaux :

1° Le 24 novembre 1502. — Vente par Gabriel Brissonnet, de Saint-Martin-du-Touch, à Dominique Fermat, agriculteur du même lieu, d'une parcelle carrée de terre de six cannes de côté, donnant sur l'avenue de l'église et le chemin public de Saint-Martin à Blagnac. Cette vente fut approuvée et ratifiée le 18 mars 1502 (1503) par Dominique Cavalier et Guillaume de Villa, tisserand de lin, en leur qualité de bailes de l'église et seigneurs directs de la dite terre (folios 274 et 277).

2° Le 3 février 1502 (1503). — Echange entre Dominique Cavalier et Gabriel Brissonnet de terrains situés au lieu dit *le champ de l'église.* Dominique Cavalier abandonne une parcelle carrée de terre, de six cannes de côté, faisant angle entre la route de l'Isle et la rue de Blagnac, et reçoit de Gabriel Brissonnet un champ de trois *mézcillades.* Dominique Cavalier tenait cette parcelle à titre de dot apportée par sa femme Béringuière, fille de Jean Campa.

La ratification de cet échange fut faite le 18 mars 1502

(1503) par les mêmes bailes de l'église (folios 279 et 282).

3° Le 9 novembre 1502. — Vente par Gabriel Brissonnet à Jean Noguiez, forgeron, de Saint-Martin-du-Touch, d'une parcelle de terre de six cannes de longueur sur quatre cannes de largeur et située devant l'église, en présence de Bernard de Grésino, notaire.

La ratification de la dite vente fut faite par les susdits bailes de l'église, le 18 mars 1502 (1503), en présence de Gaillard de Baylac, notaire (folio 299).

4° Gabriel Brissonnet vendit à la même époque à Me Bertrand de Pague, recteur de Saint-Martin-du-Touch, une maison avec jardin contigu qui donnaient d'une part, sur l'avenue de l'église ; de l'autre, sur le grand chemin français. Ils confrontaient aux propriétés d'un autre Dominique Cavalier, prêtre, de Toulouse, Jean Noguiez et Dominique Fermat. Bertrand de Pague revendit cette maison, le 22 avril 1518, à Pierre Despagne, prêtre de Castres au diocèse d'Auch, sous la *censive* due à l'église et suivant acte retenu par Me Mandinelly, notaire (n° 142, folio 62).

5° Autre vente de Dominique Cavalier, prêtre, de Toulouse, à Dominique Fourcade, travailleur de Saint-Martin, d'une maison avec jardin contigu, confrontant le grand chemin de Toulouse à Colomiers et le ruisseau de *l'hospital*, la propriété de Pierre Despagne, prêtre, le cimetière et l'avenue de l'église, acte du 11 avril 1522 retenu par Me Mandinelly, notaire (n° 146, f° 387).

Un arrêt du Parlement, daté du 18 juin 1540, assure aux œuvres paroissiales, malgré les prétentions des Clarisses, le bénéfice des rentes reconnues sur le champ de l'église.

Ces reconnaissances furent consenties le 15 juillet 1540 par Jacques Fermat, prêtre, Jehan Fourcade, Domenge Noguiez et Bernard Dubilar, *maistre panmeur*

(sic), suivant actes retenus par Mᵉ Pégurier, notaire, de
Toulouse. Nous reproduisons, à titre de curiosité, certains détails de ces actes qui font connaître les principaux personnages qui vivaient alors à Saint-Martin ou
qui avaient des intérêts dans ce lieu. Ainsi sont désignés comme ayant participé aux dites reconnaissances,
autre Jacques et Etienne Fermat, frères du précédent
et héritiers de Dominique Fermat, leur père. Sont encore
cités au même titre Domenge Fourcade, Gabriel Noguiez,
Pierre Espanhet, prêtre, Domenge (Jean) et Guillaume
Noguiez frères. Les ouvriers ou bailes de l'église se
nommaient Antoine Decamps, Vincent Bessières et Domenge Noguiez; les *oblies* ou *censives* étaient payables
à la fête des Rameaux.

Les témoins inscrits sont : Guillaume Langueur,
Guillaume du Bosc, Geoffroy Bessières, prêtre et vicaire
de Saint-Martin, Jehan Duranti, notaire de Masseube,
au pays d'Astarac, Gaspard de Montesquieu, du lieu de
Caujac, Vincent Bernard et Jacques Valadié, *Vergier*
de la cour du viguier.

Dans l'énumération des divers confronts, on trouve
les noms des principaux voisins : Gabriel Brissonnet,
Domenge Cavalier, prêtre et Domenge Descriva.

Chacune des reconnaissances désignées ci-dessus fut
renouvelée plusieurs fois, en entier ou par fractions,
jusqu'à la Révolution. Messire Geoffroy Bessières, prêtre et vicaire de Saint-Martin, renouvela le 19 juillet 1547
à la place de Bernard Dubilar, devant Mᵉ Bessières, notaire. Les témoins furent : Guillaume Laborie, *sollici-
teur* (procureur) de Toulouse, Pierre Barral, de Thezan
(diocèse de Béziers), Pierre Pontal, *bazochien*, natif de
Merveys (diocèse de Nîmes).

Pareille reconnaissance fut renouvelée par Jehan
Loubet, le 1ᵉʳ mai 1574, devant Mᵉ Gaspard Castanet,
notaire, en présence de Jehan Ciry, Jehan Austric et

Bertrand Barthère, *luminiaires* de l'église (ouvriers chargés du luminaire). L'objet de cette reconnaissance était une petite maison en pisé, avec jardin, que Jehan Loubet avait achetée à Pierre Fourcade. Les témoins se nommaient P. Austric, *bazochien* de Toulouse, Bernard Laffont et Bernard Laffite.

Antoine Pendaries, jardinier, de Toulouse, fit un autre renouvellement le 10 mai 1575 devant Mᵉ Bernard Laforgue, notaire, en présence de Jehan Belin, Manaud Damade et François Nauzes, bailes. Les témoins furent : Michel Salère, prêtre et vicaire de Saint-Martin, Bernard Escarrié, laboureur, Bernard Bardou, pareur de draps et Guillaume Noguiez, forgeron.

Jehan Ciry renouvela une autre reconnaissance le 7 avril 1586 devant Mᵉ Daustric, notaire, en présence de Bernard Lafont, François Nauzes et Antoine Daugé, bailes, sur une autre maisonnette en pisé qu'il avait acquise de Domenge Geyssot, laboureur, de Venerque.

Enfin, toutes ces reconnaissances furent encore renouvelées en deux séries. La première série fut retenue par Mᵉ Laforgue, notaire, en 1617, au nom de Domenge Bordes, Jean Aberan, Jeanne Double, veuve de Jean Fourcade, Arnaud Montlezun, Louis Payras, Antoine Ciry, Jean Bartier : ces divers actes furent passés en présence de Aaron Contaud, Jean Grimaud et Antoine Forcade, bailes de l'église. La seconde série fut renouvelée le 24 mai 1767, devant Mᵉ Vidal, notaire, par Nicolas Trantoul, Barthélemy Révély, Pierre Rouy, François Bélous, Antoine Dantin, Cécile Dédébax, Pierre Bergès, Bertrande Auzel, Bertrande Azéma et Guillaumette Rolland ; en présence de Jean-Pierre Denemix, Jean Riquet et Jean Daubert, bailes.

Telle est l'histoire du *champ de l'église* qui fut le berceau de notre population villageoise.

Origine du Presbytère

Les Dames de Sainte-Claire, donnèrent à fief, le 27 août 1500, à Jean Duclos, jardinier, une autre *mézeilhade* de terre attenant l'église et faisant angle entre l'ancienne avenue et la rue de Blagnac, du côté nord, moyennant une rente annuelle de cinq *sols*. Cette terre avec une petite *borde* qu'il avait fait bâtir, fut vendue le 13 mars 1507 par Jean Duclos à Jean Lassus, laboureur, de Saint-Martin-du-Touch, suivant acte retenu par Me Clavelli, notaire (n° 436, folio 226), et sous la censive de six *douples* en faveur des Dames de Sainte-Claire. Jean Lassus ayant quitté Saint-Martin, devint berger à Colomiers l'année suivante et revendit sa bordette le 28 septembre 1508 à Jean Noguiez, laboureur. La mère-abbesse des Clarisses ratifia cette vente le 8 juin 1509, suivant acte retenu par Me Mandinelly, notaire (n° 113, folio 264).

Jean Noguiez laissa à ses deux fils ses bien indivis qui consistaient en deux pièces de vigne situées au lieu dit la Boriette, et la petite borde qu'il tenait de Jean Lassus. L'un des enfants, Guillaume Noguiez, forgeron, acheta la part d'autre Jean Noguiez, son frère, et resta seul propriétaire de la dite borde sous la censive de trois *sols* onze *deniers* qu'elle payait aux Clarisses, suivant acte retenu, le 26 mai 1545, par Me Bolavaty, notaire (n° 172, folio 213).

Guillaume Noguiez possédait encore ce bien en 1571; mais il le vendit en deux lots en 1588, savoir : la première moitié à François Nauzes, le 3 février; et la seconde, à Ramond Paleng, le 24 octobre.

Mre Bertrand Boyer, prêtre et recteur de Saint-Martin, acheta trois *boisseaux* de terrain pris sur la part de Ramond Paleng, le 19 février 1629; et Ramond Viguié, travailleur du dit lieu, acheta le reste le 22 mars 1641.

Le 7 février 1684, les frères André et Raymond Viguié, qui possédaient la *mézeilhade* entière précédemment donnée à fief à Jean Duclos et sur laquelle il y avait alors deux maisons, reconnurent la rente de cinq *sols* en faveur des religieuses.

Mre Deffès, curé de Saint-Martin, acheta plus tard les deux maisons et le jardin aux frères Viguié et les légua à ses héritiers. Ceux-ci les revendirent le 19 février 1706 à Mre Labadens, nouveau recteur, qui renouvela la reconnaissance en faveur des Clarisses et régla les arrérages le 24 mars 1724. Mre Labadens fit démolir les deux maisons et reconstruire de suite une belle habitation (celle qui est aujourd'hui occupée par M. Bégué) dont il légua la jouissance aux curés, ses successeurs, par testament du 31 décembre 1732, à la charge par eux de payer une rente annuelle de dix *livres*, à l'église, pour l'entretien de la lampe du Saint-Sacrement.

En 1753, Mre François Roger, curé, et les marguilliers demandèrent à la ville, conformément aux prescriptions de l'édit de 1695, l'agrandissement de la maison curiale, l'allongement de la nef de l'église et la reconstruction du clocher qui tombait en ruines. Ces diverses réparations furent exécutées bientôt après ; et le 27 mars 1754, le même curé reconnut encore aux religieuses la rente de cinq *sols* faite sur la maison curiale. Mais Mre Jean-Baptiste Roger, successeur et neveu du précédent, refusa plus tard de payer la dite rente, prétextant que la ville ayant pris possession du presbytère par l'exécution de divers travaux, devait supporter le payement de la rente.

Mre Roger fut assigné, pour ce motif, devant le Sénéchal de Toulouse, par les Religieuses.

La maison curiale fut ensuite saisie pendant la Révolution et achetée, à l'adjudication des biens nationaux, le 13 messidor an IV par le citoyen Charles Delougchamp, vérificateur des douanes. Celui-ci la revendit en deux lots, le 9 décembre 1806, aux frères Laux Gervais cadet, charpentier, de Blagnac, et Laux-Gabriel Gervais, charpentier, de Saint-Martin. Le lot de Laux Gervais fut racheté par la mairie de Toulouse en 1839 pour l'installation d'une école communale ; et dans un échange de propriétés avec la ville, M. Jean-Marie Bégué prit cette maison en 1892.

Le lot de Laux-Gabriel Gervais appartint par voie de succession directe à la femme Antoinette Gaspard ; et plus tard, à sa fille Pétronille Bégué. Cette propriété fut vendue en 1876 à la ville de Toulouse pour l'installation du nouveau presbytère.

Quartier de l'Hôpital

Les Clarisses avaient encore donné à fief, à la fin du quinzième siècle, une troisième mézeillade de leur propriété du village à Arnaud Capdeville, à la famille Brissonnet et à quelques autres travailleurs. Cette partie faisait suite, vers le levant, sur toute leur largeur au champ de l'église et au jardin du presbytère ; elle aboutissait à la prairie de l'Aubarède et à la route de l'Isle. Jean Capdeville, fils et héritier d'Arnaud, transforma son bien : il vendit à Jean Sestac une parcelle de terrain en 1545 et acheta à Jean Frespech une petite maison en 1561, suivant actes retenus par Me Bolavoty, notaire.

Dans ce troisième lot était situé l'hôpital de Saint-Martin-du-Touch et les terres qui en dépendaient, sur l'emplacement de la maison actuelle et jardin de Mme Castex. Son existence est signalée dans le Cadastre de 1478 ainsi que le nóm de l'hospitalier Jean Brissonnet; mais au commencement du seizième siècle, on le trouve cité à chaque instant dans les actes notariés qui intéressent ce quartier : l'hospitalier était Jean Frespech en 1561.

Il est aussi souvent question dans les dits actes d'un ruisseau qui venait de la fontaine du village et descendait vers le Touch le long de la route de l'Isle. C'était probablement une excavation profonde qui faisait suite au *ruisseau de la Cave ;* mais lors de la grande réparation de la route susdite, au dix-huitième siècle, on fit dévier près de l'*oratoire* les eaux pluviales provenant de la haute plaine, pour les conduire au Touch, en passant sous le *pont de la fontaine* et entre les propriétés Laroque et Vidal.

Prairie de l'Aubarède

Enfin, les religieuses conservèrent, jusqu'à la révolution le reste de leur bien du village qui était la prairie de l'Aubarède. Quoique ce fût la parcelle la plus importante *(2 arpents, 2 pugnères, 4 boisseaux),* c'est la seule qui soit restée sans culture, à part une petite plantation de vigne signalée dès le seizième siècle dans la partie la plus élevée. La cause en est certainement dans les submersions fréquentes de cette prairie par les eaux du Touch.

Château d'Ardizas

Le premier propriétaire de ce château que nous ayons pu découvrir, est Mre Jean de Mansencal, premier président au parlement de Toulouse. Au seizième siècle, le parc comprenait vingt-huit *arpents* entre le Touch et le chemin de Saint-Martin à Blagnac.

Il était limité au midi par le jardin de Guillaume Noguiez, et au nord, par le bien de Layrac appartenant aux Clarisses. En 1571, Mre Pierre de Mansencal, fils du précédent, marié à dame Gabrielle de Coignard, sei-

gneur de Miremont, et conseiller au Parlement, en était
le propriétaire ; mais il le garda peu de temps.

De 1578 à 1639 il fut entre les mains de Mre Charles
de Cheverry, son gendre, seigneur d'Ardizas, qui donna
à fief de 1624 à 1629 à divers travailleurs de Saint-Martin, tout le côté du levant de la rue de Blagnac à condition que des maisons seraient bâties sur ce terrain dans
l'année de la concession. M. de Cheverry, qui attacha
son nom d'Ardizas au château, fit le dénombrement de
ses biens de Saint-Martin en 1639 par devant les capitouls, pour raison de rentes et fiefs.

Le 7 mai 1651, le sieur Guillaume Roger, marchand,
de Saint-Cyprien, marié à dame Gabrielle de Maignan,
acheta le parc et le château qui ont porté aussi son nom
dans la suite ; il laissa ce bien par testament du 3 mars
1677 à son fils aîné, Jean Roger, avocat, lequel le donna
plus tard à Jean-Paul Roger, conseiller au Sénéchal.

Nous avons trouvé, dans les archives départementales, le dossier d'un procès curieux intenté en 1662 à
messire Guillaume Roger par les fermiers de Mgr Charles d'Anglure de Bourlemont, archevêque de Toulouse,
à propos d'un champ d'artichauts de deux arpents, situé
près du château d'Ardizas. Messire Roger refusait de
payer la dîme de cette récolte prétextant qu'elle ne représentait ni grains ni liquides soumis habituellement à
la taxe ; tandis que les fermiers prétendaient la faire
estimer quand même et toucher le dixième de sa valeur.
(Il est probable que c'était la première culture d'artichauts faite en grand dans le village). Jean-Paul Roger
contracta mariage le 12 janvier 1704, avec demoiselle
Jeanne de Malepeyre ; ils eurent deux fils : Jean-Clair-
Marie Roger et Jean Roger. Ce dernier épousa demoiselle Marie Mescur de Lasplanes, qui engagea dans la
suite un procès devant le Parlement contre sa belle-
mère et son beau-frère, pour le payement de ses droits

et reprises. Ce procès eut pour résultat la vente du bien du sieur Roger par ordonnance du Parlement du 17 avril 1760.

Dame Catherine de Blandinières s'en rendit adjudicataire à l'audience du 17 août de la même année. Cette dame était veuve de Louis Rigal d'Ouvrier, lieutenant-colonel au régiment royal-vaisseaux, chevalier de Saint-Louis, vicomte de Bruniquel et seigneur de Penne.

M. Louis-Joseph Pech, marchand-bijoutier, de Toulouse, acheta le château d'Ardizas le 10 juin 1781, et apporta de grandes améliorations à sa nouvelle propriété : il fit construire sur le Touch le pont en maçonnerie qui existe encore, ouvrir une belle avenue vers Toulouse avec une entrée monumentale et agrandir le château. Il obtint, en outre, de MM. les Capitouls, la réparation du chemin de Saint-Martin à Blagnac qui était impraticable et s'opposa à l'établissement d'un nouveau cimetière sur sa propriété qui avait été demandé par les habitants.

Un procès fut sur le point d'être engagé par M. Pech à propos de l'usage des eaux de la fontaine appelée successivement la *fount* de Mansencal, dé Roger et de Lasbordes. Cette fontaine était primitivement dans un terrain appartenant à messire Jean de Mansencal, appelé le *campel de Lasbordes*, lequel terrain avait été cédé dans un échange de propriétés à messire François de Laporte, le 17 juin 1572, par messire Pierre de Mansencal, sous la réserve expresse des eaux de la source en faveur de ce dernier. Messire de Mansencal avait fait réparer la fontaine et bâtir un réservoir couvert par une voûte qui existe encore. Malgré cela, les habitants, et particulièrement les laveuses de linge, s'en étaient emparés dans la suite. M. Pech revendiquait, de son côté, la propriété exclusive de la fontaine ; mais le Conseil municipal de Toulouse proposa et régla, avec

le consentement des intéressés, le partage des eaux le
19 avril 1791, sur le rapport du sieur Virebent, ingénieur de la ville.

Il fit établir à la sortie du réservoir un petit bassin
avec deux débits pareils et placés au même niveau : la
première moitié des eaux devait alimenter un lavoir
public; et la seconde, passant sous le chemin, était
destinée au parc d'Ardizas.

M. Pech donna sa propriété à dame Marie-Louise-
Thérèse Pech, sa nièce, épouse de messire Jean-Dominique-François-Marie Ruffat, professeur de droit romain
à la Faculté de Toulouse, par testament du 11 janvier 1824. M. Ruffat la vendit le 10 février 1832 à
M. Jacques-Jean-Louis-Simon de Malafosse, qui mourut
le 11 avril 1838, et eut pour successeur M. Paulin de
Malafosse, son fils. Le parc fut vendu en parcelles en
1868 ; mais le château, dans lequel il y avait depuis
quelque temps une chapelle, fut démoli par le nouveau propriétaire, M. Astorg, en 1872.

Enclos Figarède

Parmi les anciens fiefs dépendant du château d'Ardizas,
il en est un qui se distingue, non par son importance,
mais par les qualités de ses derniers propriétaires. Situé
à l'extrémité du domaine, du côté du village, il touchait
au presbytère et appartint, dès le dix-huitième siècle,
à la famille Figarède. La maison fut détruite par un
incendie en 1827, et M. Pierre Figarède, qui la possédait alors, mourut accidentellement en 1833. M. l'abbé
Figarède, son fils, embellit beaucoup cette propriété
et la conserva toute sa vie; c'est là qu'il venait se
reposer toutes les semaines, partageant son temps entre ses exercices religieux et les soins de son jardin.
Quelques instants après sa mort, ses héritiers ont vendu

ce bien d'agrément à M. Léon Arrés, agent de change de Toulouse, qui vient assidûment avec son intéressante famille se délasser de ses travaux sous les gracieux ombrages de cet enclos.

Château de Layrac

Le nom de Layrac est intimement lié à l'origine de Saint-Martin-du-Touch, comme nous le dirons plus bas, au chapitre de l'église ; il fut le premier et le seul que porta la paroisse pendant deux siècles. La métairie de Layrac et ses dépendances appartenaient, au treizième siècle, à plusieurs familles qui vendirent successivement leurs terres au sieur Hugolenc Arnal. Guillaume-Bertrand de Subreville vendit le 30 novembre 1235 ; Ramond-Bertrand de Subreville, fils du précédent, le 10 avril 1238 ; Bernard Guidon, ainsi que sa fille, dame Sébeille, femme de Pierre de Polhe, vendirent leur part peu de temps après. Ces divers actes furent retenus par Me Rayna, notaire.

Il est aussi question, dans un mémoire de cette époque, de divers legs faits, dans son testament, par Bernard Arnal, cousin d'Hugolenc Arnal, en faveur de deux filles de Bernard Guidon, dont il était sans doute parent : dame Jeanne, femme de Bernard de Montossin, et sœur Alamande, religieuse de Lespinasse. — Hugolenc Arnal, après avoir réuni entre ses mains la propriété de Layrac, la vendit, le 25 novembre 1292, au sieur Guillaume Prim, bourgeois et marchand de Toulouse, domicilié près la *Maison de Ville*. Celui-ci acheta encore d'autres champs ou *mailleuls* (vignes) aux environs, par actes passés par-devant Me Dupuy, notaire.

Guillaume Prim institua, le 6 novembre 1325, les Dames de Sainte-Claire ses légataires générales et universelles. Les biens ainsi légués à ces religieuses comprenaient la plus grande partie du territoire de la paroisse de Saint-Martin et aboutissaient au chemin de l'Isle, à celui de Cornebarrieu, à la rivière du Touch et au fossé *mayral* séparant le capitoulat de la Daurade de la juridiction de Colomiers.

Guillaume Prim, en sa qualité de seigneur de Layrac, avait donné à fief, de 1300 à 1320, plusieurs petits champs dépendant de son immense domaine. Les religieuses en conservèrent la seigneurie jusqu'à la Révolution.

Le château de Layrac et le parc qui l'entourait en 1571 ne comprenaient que *14 arpents 3 pugnères*. Placés entre le Touch et le chemin de Saint-Martin à Blagnac, ils faisaient suite, vers le nord, au bien de Mme de Mansencal et terminaient presque le sixième *moulon*. Il ne restait plus, jusqu'à la limite, qu'une terre de *3 arpents 2 pugnères* appartenant à M. de Montfort et une *borde* avec un champ d'un *arpent 3 pugnères* à M. de Montpeyrous, près le pont du Touch. Le château de Layrac avait une chapelle particulière dans laquelle fut béni le mariage de Henri Fourtané et Catherine Labarthe, le 25 novembre 1657.

VIIe Moulon

Ce *moulon* était limité au levant par le chemin de Saint-Martin à Blagnac, au midi par le vieux chemin Burgaud ou de Lévignac (1), au couchant par le fossé

---

(1) Aujourd'hui, c'est le chemin vicinal n° 45.

mère qui le séparait de la juridiction de Colomiers et au nord par la route de Cornebarrieu à Toulouse.

Domaine de Montfort

Ce bien avait appartenu, au quinzième siècle, à la famille de Roaix, en même temps que la métairie de la Cassanette. Il resta indivis entre les mains des frères Philippe et Pierre de Roaix et de leur neveu Ayméric de Roaix jusqu'au 17 mars 1486. A cette époque, ils donnèrent à fief plusieurs parcelles de leur domaine, notamment une pièce de *14 cartonnades*, située au *Rasayré*, aux frères Gabriel, Jean et Exupère Brissonnet. Noble Achille de Roaix, leur unique héritier, vendit les terres de Montfort, le 31 octobre 1524, au sieur Hugues de Bezombes et Ramond de Montfort, beau-père et gendre, en faveur desquels les frères Brissonnet renouvelèrent leur reconnaissance le 17 mai 1526. Enfin, Ramond de Montfort acheta la part de son beau-père le 2 février 1536.

Ces possessions sont clairement indiquées dans un plan de 1532 qui fait partie des archives de la préfecture.

Le cadastre de 1571 porte en tête du 7e *moulon* une propriété, dont une partie en vigne, de *58 arpents*, appartenant au sieur Jean de Montfort, héritier de Ramond de Montfort, et située à l'angle de la route de Cornebarrieu et du chemin de Blagnac à Saint-Martin. Jean de Montfort eut pour successeur direct Laurent de Montfort; celui-ci laissa son bien à François de Montfort, qui le vendit, avec tous ses droits, aux Dames de Sainte-Claire, le 1er mars 1677.

Pierre Dénemix, travailleur de Saint-Martin, fit la reconnaissance du fief ci-dessus désigné, aux lieu et place des frères Brissonnet, en faveur des religieuses, le 12 mai 1697.

Métairie de Layrac

Cette propriété des Clarisses comprenait, en 1571, d'abord une grande pièce de *110 arpents* confrontant du levant au chemin de Blagnac à Saint-Martin, du midi au chemin des Vignes (aujourd'hui chemin de l'Herbe), du couchant à la métairie de la Cassanette et du nord aux terres de Montfort. C'est sur un champ de *4 arpents*, distrait de cette grande pièce et vendu par M. Pébernad à Jean Lafont, que fut bâtie, en 1865, une briqueterie qui ne fut exploitée que pendant vingt-cinq ans.

Les religieuses avaient en outre un champ de *28 arpents*, au nord de la Cassanette, qui s'étendait jusqu'à la route de Cornebarrieu et au fossé-mère limite de la juridiction. Elles possédaient encore une autre pièce de *23 arpents* au quartier du *Razayré*, faisant angle entre le chemin des Vignes et celui des *Carasses*. Cette dernière terre dépendait de la métairie de la Bouriette, autrement appelée *Layraguet*.

En 1776, les Clarisses rendirent hommage au roi par-devant les trésoriers-généraux de France à Toulouse, pour raison de leur fief noble situé à Saint-Martin-du-Touch.

Les domaines de Layrac et de Montfort réunis furent conservés par les religieuses jusqu'à la Révolution ; ils furent saisis et vendus comme biens nationaux en deux lots principaux. Le premier, constitué par la propriété actuelle de Layrac, fut acheté par le citoyen Guillaume Roux, entrepreneur de travaux publics, le 13 février 1791 ; et le second, représenté par la nouvelle propriété de Montfort, fut adjugé, le même jour, au citoyen Roudoulés, laboureur, agissant pour le compte du même Guillaume Roux.

Celui-ci eut trois filles : il maria l'aînée à M. Rességuier, marchand drapier de Toulouse, et lui donna la propriété de Layrac, qui appartient aujourd'hui, par voie de succession directe, à la famille Pébernad. La seconde fille de Guillaume Roux fut mariée à M. Demouïs, adjoint au maire de Toulouse, et reçut pour sa part le domaine de Montfort, qui fut légué par M. Demouïs à M. Louis Lauzin. Ces deux domaines ont fait partie de la paroisse de Saint-Martin jusqu'en 1807. A cette époque, ils furent annexés à la commune de Blagnac en échange d'une autre terre située sur la rive droite de la Garonne qui fut cédée à la commune de Toulouse.

Métairie de la Cassanette

La Cassanette, désignée dans le cadastre de 1571 sous le nom de *Cassanado*, comprenait *70 arpents 4 boisseaux* et appartenait à messire Vital d'Aussone, conseiller au Parlement de Toulouse, qui la tenait de son père, Jean d'Aussone, également conseiller au Parlement. Elle confrontait du levant et du nord au domaine des Clarisses, du couchant à la juridiction de Colomiers et du midi à un fossé-mère qui la séparait des terres du Giponier.

Comme nous l'avons déjà exposé, la *Cassanette* avait déjà fait partie, au quinzième siècle, du domaine de la famille de Roaix. Les frères Philippe et Pierre de Roaix et leur neveu Ayméric divisèrent cette métairie en plusieurs fiefs. Entre autres, ils cédèrent :

1° Douze arpents de *bartas* et de *brugues*, situés au quartier des *Branères*, à Antoine Bessières, par un bail du 18 janvier 1487. Cette reconnaissance fut renouvelée le 17 août 1525 par Vital Bessières, son fils;

2° Une *borde* (la Cassanette), située à *las Nausos*, avec 28 *cartonnades* de terre et 10 *arpents* de pré, aux fils de Jean et de Barthélémy Bessières. Ces enfants (Jacques et Geoffroy Bessières), en firent la reconnaissance le 18 janvier 1487, en présence et sous la responsabilité d'Antoine Bessières, leur tuteur;

3° Deux arpents de terre, dont la moitié en pré, situés aux *Branères*, à Vital Gayssies le 17 mars 1486.

Dès les premières années du seizième siècle, messire Jean d'Aussone, conseiller au Parlement, avait acheté la *borde de la Cassanette* et plusieurs terres dans le 7e moulon du capitoulat de la Daurade. Nous avons trouvé dans les papiers d'affaires de la famille Doujat un acte d'achat du 29 mars 1528 et un échange fait avec un nommé Algouse en 1529. Mre Jean d'Aussone laissa tous ses biens à son fils Vital d'Aussone, son légataire universel, et ce dernier reconstitua ensuite le bien de la Cassanette, qui avait une contenance de 70 arpents en 1571, comme nous l'avons déjà dit. Il avait acheté la *borde* avec le quart du terrain qui en dépendait (11 arpents et demi), le 29 novembre 1565, au sieur Barthélémy Bessières, *et le reste à des époques très rapprochées.*

Messire Vital d'Aussone donna la Cassanette, par testament du 21 juillet 1580, à dame Catherine de Barthélémy, son épouse. Celle-ci la vendit à messire Emmanuel Alvarus, médecin du roi et docteur-régent de la Faculté de médecine de Toulouse, par acte du 16 mars 1591, avec réserve des droits et reprises de dame Claire de Garaud, veuve de Jean d'Aussone, son fils. Emmanuel Alvarus eut un fils nommé Antoine, *escholier*, qui renouvela le 30 mars 1615 une reconnaissance en faveur d'Antoinette d'Hébrard, veuve de Jean de Montfort, sur une pièce de 7 *arpents* située aux *Branères*. Dame Catherine de Barthélemy fut assistée, dans la vente de la Cassanette, par ses gendres Bertrand Doujat et Gaillard de Labarrière, mariés à Marie et Anne d'Aussone, et Arnaud de Bourret, veuf de Catherine d'Aussone, en qualité d'administrateur des biens de Joseph Bourret, son fils.

En 1661, la Cassanette était entre les mains de messire Jean Maignan, référendaire en la grande chancellerie de Toulouse, et marié à Isabeau d'Esquirolis. Après sa mort, la métairie fut partagée, le 22 mai 1688, entre ses fils, noble Bernard Maignan, écuyer, et Jean Martin Maignan, aussi écuyer. Jean Maignan avait eu deux autres enfants qui ne participèrent pas à cette succession : Gabrielle de Maignan, qui fut mariée à messire Roger d'Ardizas, et Emmanuel de Maignan, prêtre et curé de Montgaillard (diocèse de Montauban), vers 1675, et plus tard de Molandié (diocèse de Mirepoix). Gabrielle de Maignan était morte à Gaye-Marie, propriété de son mari, le 6 février 1685, et Emmanuel de Maignan le 28 août de la même année.

A). — Bernard de Maignan eut pour héritière Isabeau de Maignan, sa fille, qui épousa Jean-Louis Orcival, docteur en médecine de Toulouse, lequel se chargea du noyau de la métairie le 17 septembre 1721, après qu'une bonne partie des terres (le quartier de Bramepa) eut été donnée à fief à divers habitants de Saint-Martin. Messire Jean Maignan avait consenti, en faveur des Clarisses, le 21 août 1672, une reconnaissance féodale qui fut renouvelée le 16 février 1690 par Bernard Maignan et le 16 décembre 1724 par les époux Orcival. Isabeau de Maignan laissa la maison de la Cassanette et les terres qui l'environnaient à demoiselle Lubet de Lambert, sa cousine maternelle, par testament du 17 juin 1737. Celle-ci, qui fut mariée au sieur Jean-

Gabriel Rigues, bourgeois, donna à son tour le même bien, par testament du 4 juin 1770, à dame Jeanne-Marie-Rose Marsalenc, épouse de messire André-Gabriel-David de Barrière, seigneur d'Orsas, co-seigneur de Lissac et Labatut. Dame Marsalenc le vendit le 1er mars 1776 à Arnaud et Pierre Dufaud frères, travailleurs de Saint-Martin, avec une contenance de *21 arpents 4 boisseaux*. Les mêmes Arnaud et Pierre Dufaud achetèrent aussi dans le même quartier, le 16 janvier 1781, *7 arpents* et demi de vigne à Me Bernard-Marie Rigues, avocat au Parlement, neveu et héritier du sieur Jean-Gabriel Rigues, susnommé. Tous ces biens et d'autres possessions en dehors de Saint-Martin restèrent indivis entre les frères Dufaud jusqu'après la mort de Pierre. Dans le partage qui eut lieu le 29 janvier 1784 entre Guillaume Dufaud, fils de Pierre, et son oncle Arnaud, celui-ci reçut pour sa part la *borde* de la Cassanette et la grande vigne ci-dessus mentionnée, soit 28 arpents et demi en tout.

Le 9 ventôse an IV, ce lot fut encore partagé entre les filles d'Arnaud Dufaud, les citoyennes Antoinette Dufaud, veuve de Claude Rigaud, et Marie Roudoulès, épouse divorcée du citoyen Bernard Delpon. (Celle-ci représentait dans ce partage, en qualité d'unique héritière, feue marie Dufaud, sa mère, épouse du sieur Raymond Roudoulès). Ce fut un autre Bernard Delpon, fils du précèdent, qui refit en partie la métairie de la Cassanette par des acquisitions successives de terres voisines et en particulier du lot de la famille Rigaud. Il la laissa à son fils, M. Auguste Delpon, qui l'a vendue à Mlle Marie Tourrié le 29 octobre 1897.

La métairie de la Cassanette avait autrefois une chapelle particulière où fut béni le mariage de noble Bousquet de Fourès et de demoiselle Jeanne-Marie de Carrière, le 4 juillet 1657.

B). — La propriété de Jean-Martin Maignan fut divisée de bonne heure et donnée à divers feudataires, dont le plus connu s'appelait Dominique Lafont, tailleur d'habits de Saint-Martin, qui prit *4 arpents* et demi le 24 mars 1692. Dame Jeanne Dijols, épouse de Me Jean Couderc, notaire à Toulouse, se chargea de *11 arpents* et demi le 22 septembre 1722. Cette dernière partie, qui porte encore le nom du notaire Couderc, fut un peu plus tard subdivisée en petites parcelles.

Métairie du Giponier

Il est certain qu'une métairie considérable a existé jusqu'au commencement du seizième siècle autour de la maison actuelle du Giponier; elle appartint alors en grande partie à la famille Fourcade, dont le chef, Pierre Fourcade, avait fait en 1559 divers échanges de propriétés avec les Clarisses. En 1571, les terres du Giponier étaient divisées entre les héritiers de Pierre Fourcade comme il suit :

A). — Jean Fourcade tenait une borde de *6 arpents* et demi sur l'emplacement actuel de la maison de Barlet, plus un champ et bois de *18 arpents*.

B). — Tony Brissonnet et Tonya Fourcade, sa femme, tenaient une borde de *9 arpents* autour de la maison du Giponier, plus quatre autres champs ou bois de *22 arpents*. Ce qui démontre l'origine commune de ces deux biens, c'est qu'il est dit dans le cadastre que cette dernière borde avait un droit de passage sur les terres de Jean Fourcade pour sortir à la route de Lévignac.

C). — Domenge Fourcade tenait une vigne, des champs et des bois contenant ensemble *11 arpents*.

D). — Colin et Etienne Fourcade tenaient cinq champs ou bois de *12 arpents* en tout.

E). —Jean Belin et Bertrand Bessières tenaient deux champs de *8 arpents*.

F). — Denis Carron tenait deux champs de *14 arpents*.

G). — Géraud Barre et Germaine Fourcade tenaient deux champs de *4 arpents*.

H). — Enfin, Jean Barlet, dont le nom est resté attaché à la grande métairie qui fut fondée plus tard dans ce quartier, y tenait aussi deux champs de *3 arpents*.

Telle fut d'abord la distribution de la métairie du Giponier, qu'on appelait aussi le quartier de la *Jeunesse*. La *borde* de Jean Fourcade fut achetée, dans la suite, par la famille Doujat et annexée à la propriété qui dépendait de son château ; les autres champs furent donnés à fief aux habitants de Saint-Martin. Au commencement du dix-septième siècle, la *borde* du Giponier et les terres environnantes étaient entre les mains du sieur François Averan, qui les laissa en héritage à sa fille Jacquette. Celle-ci vendit le tout au sieur Pierre Tournier, dont la fille et héritière (dame Jacquette Tournier) fut mariée à Me Jean Cardailhac, procureur en la Cour du Parlement de Toulouse. Jean Cardailhac reconstitua un petit bien autour de la maison du Giponier par le rachat de plusieurs terres voisines ; il le légua à ses héritiers vers 1680, avec une contenance totale de *38 arpents 3 pugnères*. Tous ces terrains furent ensuite donnés à fief par les successeurs de Jean Cardailhac. Guillaume Soussens, maître-chirurgien de Toulouse, et, après lui, dame Marguerite de Boysset, son épouse, en furent les seigneurs dans la première moitié du dix-huitième siècle. Plus tard, noble Charles-Louis de Bessières, écuyer, qui avait hérité de sa première femme, dame Thérèse Comin, par testament du 31 décembre 1782, acheva de donner à rente, en faveur de l'Hôtel-Dieu Saint-Jacques, les derniers fiefs dépendant du Giponier. La maison, avec un petit champ qui l'environnait, appartint, au commencement du dix-neuvième siècle, à Guillaume Cazeneuve, meunier, et Arnaude Riet, sa femme, qui la vendirent, le 23 août 1806, à M. Jean-Baptiste Comère. Celui-ci la revendit, le 18 mai 1807, à Pierre Fauré, laboureur de Cornebarrieu, et grand-père maternel des Camboulives, propriétaires actuels.

Propriété de Tailhasson

Le domaine du *Capitaine*, situé dans la juridiction de Colomiers, a eu depuis un temps très éloigné des terres dans le 7e *moulon* du capitoulat de la Daurade. Ces terres, d'une contenance de *29 arpents* en 1571, étaient possédées par Charles du Faur, conseiller du roi en la Cour du Parlement de Toulouse. Nous trouvons ensuite désigné comme propriétaire dans le même cadastre le sieur Ramond Fabre, contrôleur de la maison de ville.

Messire Pierre de Tailhasson, docteur et avocat, conseiller du roi en la ville et *viguerie* de Toulouse, prit possession dudit article le 6 octobre 1641. Bernard Dénemix, travailleur de Saint-Martin, tenait à fief de messire Charles du Faur *15 arpents* de terre dont il fit la reconnaissance en faveur de messire de Tailhasson au mois de février 1675. Messire Raymond de Tailhasson, écuyer, fit à la même date, devant MM. les Capitouls, le dénombrement de tous les fiefs situés dans le *gardiage* de Toulouse à Saint-Martin-du-Touch. La propriété s'était accrue à cette époque par l'achat de terres contigues et comptait *51 arpents*. En 1776, messire Sernin de Tailhasson rendit hommage au roi par-devant les trésoriers-généraux de France à Toulouse, pour raison de ses biens et justice à Saint-Martin-du-Touch.

La citoyenne Laqueille lui succéda à la Révolution,

et, depuis lors, la plus grande partie des terres situées dans le capitoulat de la Daurade a été vendue en parcelles.

Château et Domaine Doujat

L'origine de ce domaine remonte jusqu'à Vital d'Aussone. En sus de la métairie de la Cassanette, messire Vital d'Aussone possédait dans le 7ᵉ *moulon*, en 1571, un enclos de *13 arpents* avec château, jardin, vignes, bois et bruyères, situé entre le chemin de Saint-Martin à Blagnac, le chemin de Lévignac et le chemin des *Carrasses*. Cet enclos appartint d'abord à demoiselle Marie d'Aussone, épouse de Bertrand Doujat; il passa ensuite à messire Jean Doujat d'Aussone, leur fils, qui renouvela plusieurs donations à fief le 30 novembre 1631. Celui-ci eut pour successeur Mᵉ Pierre Doujat, docteur et avocat, qui fonda aussi plusieurs fiefs dans le village le long du chemin de Saint-Martin à Blagnac et de la route de l'Isle, le 5 novembre 1640. Mᵉ François-Joseph Doujat d'Aussone et dame Jacquette de Barta, son épouse, succédèrent à Mᵉ Pierre Doujat; ils eurent pour fils Mᵉ Gabriel-Bonaventure Doujat d'Aussone, qui naquit le 15 octobre 1686, devint conseiller au Parlement et fit la reconnaissance, le 2 août 1725, en faveur des Clarisses, de leur fief noble de Saint-Martin.

Demoiselle Doujat, qui fut mariée à Mᵉ Urbain-Elisabeth de Ségla, seigneur du Vernet, possédait en 1780 le château de Saint-Martin, qu'elle laissa à Jean-Pierre-Adrien-Régis de Ségla, son fils. Ce dernier donna son bien, par testament du 26 octobre 1825, à M. Marie-Joseph-Sylvestre-Henri Doujat, baron d'Empaux, son neveu. Les héritiers de M. Doujat vendirent en 1878 la plus grande partie de l'enclos, en parcelles, à divers habitants de Saint-Martin; et le château entouré de

4 arpents à M. Adolphe Peyreigne. Celui-ci l'a revendu à M. Félix Dassier en 1895.

Mᵉ Vital d'Aussone possédait aussi dans le même moulon un champ de *32 arpents 2 pugnères* qui faisait suite à l'enclos vers le couchant, le long du chemin de Lévignac. Ce champ, connu sous le nom de *Branères*, à cause de la bruyère à balais qui y croissait en abondance, fut agrandi plus tard par l'achat de plusieurs terres ayant fait partie de la métairie du Giponier, notamment de la *borde* de Jean Fourcade (Barlet) (1). Dame de Ramboysson vendit aussi, le 28 juin 1603, à dame Marie d'Aussone, veuve de Bertrand Doujat, *12 arpents* de terre au même quartier, suivant acte retenu par Mᵉ Bouzeran, notaire, folio 321. Ainsi se constitua la grande métairie de Barlet, qui ne comprenait encore que *64 arpents 2 pugnères* en 1690.

Avant la famille Doujat, en effet, une partie de ces terres avait appartenu à dame Dominge de Barutelle, veuve de Julien de Ramboysson, procureur en la Cour du Parlement; elle en fit reconnaissance le 18 mars 1595, à la Table de Monsieur Saint-Nicolas, dans l'église de ce nom. Sur la réquisition de dame Jeanne de Ramboysson, sa fille, veuve de Pierre Calmelly, conseiller au Sénéchal, ladite Table s'était chargée de cette reconnaissance le 24 juillet 1598.

Enfin, Mᵉ Vital d'Aussone avait encore une petite maison et un pré de *6 arpents*, vulgairement appelé *lé prat dé la Crabo*, à la limite de la juridiction de Toulouse, sur le chemin de Lévignac.

(1) *Il est question, pour la première fois, de la borde de Barlet dans un acte du 5 juin 1514 : c'est une vente faite par Jean Pague aux frères Fourcade, d'un arpent de terre situé dans la plaine devant la borde desdits Fourcade, alias Varlet (Mandinelly, notaire, nᵒ 137, fᵒ 335).*

Toutes ces terres et d'autres, achetées depuis, ont fait partie de la métairie de Barlet jusqu'en 1858, époque à laquelle elle fut vendue en parcelles par M. Henri Doujat. Les bâtiments, avec quelques arpents autour, furent laissés à Jean Vidal, fermier, à titre d'indemnité, et partagés plus tard entre ses quatre enfants. Ils ne forment plus aujourd'hui que deux lots : le premier, au levant, recueilli par M. Bernard Vidal, dans la succession de son père, et le second, au couchant, acheté par M. Blaise Dantin, aux autres héritiers de Jean Vidal.

Château et propriété de Laporte

L'enclos de Laporte limité au midi par l'enclos Doujat, au levant par le chemin de Saint-Martin à Blagnac, au nord par un chemin de service et au couchant par le chemin des Carasses, a une étendue de treize *arpents* ; mais il n'a pas eu toujours cette importance. En 1537, il ne mesurait que quatre *arpents* ; il s'est accru depuis par des achats de terres voisines et divers échanges de propriétés faits par M. de Laporte, au point qu'en 1690 ledit enclos occupait déjà la superficie actuelle. Il appartenait en 1571 à Mᵉ François de Laporte, docteur et avocat, marié à dame Anne de Saravelle. Mᵉ Simon de Laporte le tenait en 1690 avec une maison d'habitation.

Ce bâtiment était en même temps un centre d'exploitation ; car Mᵉ de Laporte possédait à côté de l'enclos au quartier du Razayré deux champs l'un de vingt-cinq *arpents* et l'autre de cinq *arpents*. Tous ces biens furent achetés le 9 septembre 1714 à Mᵉ Jean de Laporte par Mᵉ François Boutaric, professeur de droit français. Celui-ci les donna par testament à dame Marguerite de Merle, son épouse, qui se maria en seconde noces avec Mᵉ Lonjon de Laprade, conseiller en la cour des aides de Montauban.

Nous avons trouvé dans le fonds des Clarisses une sommation du 19 juillet 1737 faite par ces religieuses à M⁰ Boutaric, pour une reconnaissance déjà consentie par les précédents propriétaires. Sont cités dans ce document : Dame Antoinette d'Auriol, Jean de Laporte, seigneur de Sainte-Livrade et Henri-Catherine de Laporte, chanoine de Saint-Sernin, comme ayant des droits sur ces biens. Il résulte de titres authentiques faisant partie du dossier de cette affaire, que les champs du Razayré dépendaient au quinzième siècle du domaine de Montfort et appartenaient à la famille de Roaix. Vers le milieu du seizième siècle, ils furent achetés par M⁰ François de Laporte en même temps que l'enclos.

Dame de Merle donna par testament au R. P. Boyer, syndic des Cordeliers de Saint-Antoine du Salin, toute sa propriété, qui fut saisie à la Révolution et vendue comme bien national. Elle fut adjugée le 23 janvier 1791 au citoyen Dominique Romain, horloger de Toulouse, qui fit subrogation en faveur de MM. Pierre et Etienne Fourment, arboristes. Ceux-ci la laissèrent à leurs descendants qui ont conservé l'enclos jusqu'à nos jours tandis que les deux champs du Razayré furent vendus en parcelles peu de temps après la Révolution. Entre ces deux champs appartenant à M⁰ de Laporte, les héritiers de M⁰ de Mansencal possédaient en 1574 une pièce de terre de quatorze *arpents* appelée la *Rassuro* (d'où est venu *Razayré)*, qui fut aussi vendue en parcelles au dix-huitième siècle. La famille de Mansencal possédait encore au même quartier une propriété carrée de trente-cinq *arpents* deux *pugnères* limitée par quatre chemins : le chemin de Saint-Martin à Blagnac, le chemin des vignes, le chemin des Carasses et un chemin de service au midi. Cette terre dépendit toujours du château d'Ardizas et, sous la famille Roger, elle appartint à Jean Roger jeune, avocat, qui y fit construire une briqueterie dont les bâtiments occupaient à peu près la place de l'établissement d'horticulture de M. Simon Delaux ; la briqueterie fut exploitée pendant tout le dix-huitième siècle et démolie sous M. Pech.

Cette grande pièce qu'on appelait aussi la *Boulbène*, fut vendue en parcelles par M⁰ Paulin de Malafosse en 1853.

VIII⁰ Moulon

Le huitième *moulon* ou *moulon* central, comprenait tout le territoire situé entre la route de l'Isle et le chemin de Lévignac, depuis leur jonction au levant jusqu'à la limite de la juridiction de Toulouse, au couchant.

D'une contenance de cent arpents environ, ce *moulon* représente un des grands fiefs créés par les religieuses de Sainte-Claire ; il appartenait en entier, au quinzième siècle, à un prêtre de Toulouse nommé André Fratris, et faisait rente à l'Œuvre de l'église de la Dalbade. Ce fief, qu'on appelait alors la Lande de Colomiers, fut acheté le 9 décembre 1473 par dame Galiane, veuve d'Etienne Vendier, et divisé bientôt après (26 février 1486) entre Dominique Salère et Peyronne Ganel. Cette dernière reconnut immédiatement, en faveur de la dite œuvre, la partie par elle acquise ; mais on ignore à quelle date Dominique Salère fit la reconnaissance de la seconde moitié, qui devint la propriété de la famille Doujat à la fin du seizième siècle.

Le fief de Peyronne Ganel évalué à quarante-sept arpents était situé au couchant, sur l'emplacement de l'ancienne propriété de Lespécière. Le fief de Dominique

Salère, aboutissant au centre du village, fut divisé en plusieurs lots vers le milieu du dix-septième siècle.

Le huitième *moulon* ne comprenait en 1571 que six propriétés plus ou moins importantes qui aboutissaient toutes au chemin de Lévignac et à la route de l'Isle ; nous allons les passer en revue en allant du couchant au levant.

Métairie de Lespécière

Cette propriété de quarante-sept *arpents*, d'un seul tenant, en 1671, était limitrophe de la juridiction de Colomiers, dont elle n'était séparée que par un fossé-mère.

Elle appartenait alors à Me Hugues Carrery, notaire à Toulouse. Me Dominique Maratuech, procureur au Parlement, l'acheta le 24 juillet 1599 et la laissa à dame Marguerite, sa fille, mariée à Me Barthélémy Libiac. Me Gabriel, procureur au Parlement de Toulouse, et, dame Civié, son épouse, s'en rendirent propriétaires vers 1550 et la léguèrent à leur fille Raymonde qui épousa Mre Marc Durville, maître de poste à Castelnaudary. Me Martin Gaujal en fit l'acquisition en 1826 et Me Furgole, avocat, la tenait en 1785. Au moment de la Révolution, elle fut vendue en parcelles. M. Bernard Marty, précédemment travailleur attaché à la dite propriété, acheta la maison et ses dépendances avec douze arpents de terre et mourut sur ce bien en 1839, à l'âge de 80 ans. M. Etienne Marty, fils et héritier du précédent, agrandit considérablement sa métairie en achetant des terres voisines, et la laissa à sa fille Pétronille, épouse de M. Dauriac, propriétaire à Lalande. Elle appartient aujourd'hui à la famille Pigny, de Colomiers.

Propriété de Vital d'Aussone

Après la métairie de Lespécière, M. Vital d'Aussone avait un champ d'un *arpent 2 pugnères*, qui fut divisé et donné à fief en 1659 par ses héritiers.

Propriété de Tony Brissonnet

A la suite de Vital d'Aussone, Tony Brissonnet avait un champ de *6 arpents*, qui fut vendu en parcelles au commencement du dix-septième siècle.

Quartier de Carestio

Après Tony Brissonnet, Vital d'Aussone possédait une autre pièce de *24 arpents* (connue sous le nom de *Carestio*), qui fut d'abord partagée en deux par une ligne médiane allant du levant au couchant et donnée à fief en nombreuses parcelles, en 1659, par Mᵉ Doujat.

Enclos de Laporte

Après les champs de *Carestio*, M. François de Laporte possédait en 1571 un autre enclos de *6 arpents* environ qui fut vendu en deux lots en 1661, savoir : un lot de *3 arpents* et demi, donnant sur le chemin de Lévignac, à Paulet Dantin, le 13 mai ; et un deuxième lot de *2 arpents* et demi, le long de la route de l'Isle, à Guillaumette Garat, veuve de Jean Dasque, meunier, le 3 septembre. Ce dernier lot sur lequel on avait bâti un moulin à vent devint en 1690 la propriété de Claude Rigaud, qui le donna à son fils Antoine Rigaud en 1765. Le moulin à vent fut détruit par la foudre en 1831 ; mais les terres et la maison ont été conservées jusqu'à nos jours par la famille Rigaud.

Me François de Laporte avait eu pour héritiers directs Me Simon de Laporte, conseiller du roi en la cour du Parlement, le 5 août 1617; et plus tard, Mre Jean de Laporte, seigneur de Sainte-Livrade. C'est ce dernier qui vendit à Paulet Dantin le lot principal de l'enclos, comme nous l'avons déjà dit. Paulet Dantin revendit ce bien en 1682 à Jean Renard, maître cordonnier, de Toulouse. Il appartint ensuite à Jean Charles Constans, déjà propriétaire à Lagardelle et à Toulouse.

Jean Charles Constans donna à sa mort tous ses biens indivis, par testament du 1er décembre 1744, à Jean François Constans et Pierre Constans ses frères, sous la réserve de l'usufruit en faveur de dame Dominiquette Daurignac son épouse. A la suite d'un partage fait entre les deux légataires, Jean François Constans devint plus tard seul propriétaire de l'enclos de Saint-Martin et le vendit le 22 avril 1761 au sieur François Rouède, perruquier, de Toulouse. Il fut ensuite acheté successivement par Nicolas Miégeville, tuilier, le 30 décembre 1778; Antoine Boulouch, ferblantier, le 25 mars 1787 et enfin par M. Jean Baptiste Comère. Ce dernier le légua par testament à M. Laurent Tourrié, architecte, qui le laissa indivis à ses trois enfants : M. Paul Tourrié, négociant, M. Gustave Tourrié, médecin-major et Mlle Marie Tourrié. Celle-ci l'a recueilli en entier au décès de ses frères.

Le Champ de Caulet

Le huitième *moulon* se terminait au levant par un champ appelé depuis longtemps le *champ de Caulet*. Cette terre était divisée en 1571 par une ligne de séparation allant du levant au couchant, en deux parties contenant chacune *3 arpents 1 pugnère*. La première moitié du côté nord appartenait à Mre Vital d'Aussone, et la seconde, au midi, aux sieurs Jean Belin et Bertrand Bessières, qui la vendirent en 1578 à Vital d'Aussone. L'enclos Doujat étant privé d'eau, il est probable que le jardin du château était établi sur ce champ où elle est très abondante : cela explique la désignation de « *nostre camp de caoulet* » (notre champ de choux) employée dans plusieurs actes par Me Pierre Doujat et traduite plus tard, en la francisant, par Champ de Caulet.

Pierre Doujat donna, le 16 mars 1659, par un bail à locatairie perpétuelle de 29 en 29 ans, les terres qui composaient le *Champ de Caulet,* à condition que des maisons y seraient bâties avant deux ans, et en se réservant du côté du levant 350 *cannes* carrées à l'entrée du chemin de Lévignac. Dans le même acte qui a été conservé jusqu'à ce jour, Pierre Doujat fit don de 2 *cannes* de terre prises au milieu de ce champ et dans toute sa longueur du levant au couchant, pour l'établissement d'une rue publique. Il donna encore le chemin transversal qui est à l'extrémité de la dite rue du côté du couchant et qui sépare le *Champ de Caulet* de l'enclos de Mlle Tourrié, pour relier la route de l'Isle au chemin de Lévignac. Ce don fut fait pour remplacer la partie de ce dernier chemin comprise entre le village et le chemin des *Carasses,* ravinée par les eaux et devenue impraticable. M. Doujat s'appropria ce mauvais passage, connu depuis sous le nom de *chemin de la cave,* qui a été rétabli et classé, en 1869, comme route communale, par la ville de Toulouse. Il est à peu près certain que cet échange de chemins par Pierre Doujat se fit avec le consentement tacite des habitants et sans convention écrite. En effet, M. de Ségla, un des successeurs de Pierre Doujat, ayant intenté un procès, en 1823, aux propriétaires du *Champ de Caulet* (côté nord) pour leur interdire la sortie par leurs jardins sur le chemin de la Cave, prétendait que ce dernier était sa propriété ; mais il ne put faire valoir, pour établir ses droits, que la jouissance libre et non interrompue de cette ancienne route pendant plus de 30 ans. Il est juste d'ajouter cependant que M. Henri Doujat, son héritier, en fit don à la ville en 1869.

Voici quels furent, par ordre de position, en allant du levant au couchant, les premiers feudataires de Pierre Doujat au *champ de Caulet* :

Du côté nord, Claude Rigaud et les frères André, Raymond et Jean Grimaud pour les *350 cannes* carrées que s'était d'abord réservées M. Doujat et qu'il leur donna à fief le 12 mars 1662. Venaient ensuite, à la date du 16 mars 1659, Pierre Denos, Paulet Dantin, Fortic Teulet, Jean Cluzet, Jean Fourtané, Bernard Cassin, Antoine Figarède, François Libaros, Jean Desclaux et Guillaume Durantou. Du côté sud, et remontant toujours du levant au couchant, se trouvaient : Jammet Lahille, Charles Soulan, Jean Lizos, Mathieu Dufour et Jean Lacaze, forgeron. Chacun de ces propriétaires tenait en moyenne *300 cannes* carrées. Telle est l'origine de ce quartier, qui est devenu un des plus importants du village.

IXe Moulon

Ce *moulon* comprenait la partie du territoire située entre le Touch, depuis le pont de Saint-Martin au pont de Tournefeuille, d'une part ; et la route de l'Isle, le chemin de Saint-Martin à Tournefeuille et l'ancienne route de Léguevin, d'autre part.

Prairie de M. de Mansencal

Les héritiers de M. de Mansencal possédaient dans le 9ᵉ *moulon* une prairie de *5 arpents*, faisant angle près le pont de Saint-Martin entre la route de l'Isle et le Touch ; elle s'étendait, comme l'*Aubarède*, jusqu'à l'entrée du village. Cette propriété fut donnée à fief en parcelles par M. de Cheverry, au commencement du dix-septième siècle.

Premiers Jardins du Village

A la suite de la prairie de M. de Mansencal, il y avait en 1571, entre le Touch et la route de l'Isle jusqu'au lieu dit *Francouly*, *8 arpents* de terre divisés entre dix-sept propriétaires. On y remarquait surtout des maisons et des jardins qui remontaient à une époque très reculée. Il est probable que ce terrain est celui que Guillaume Prim donna à fief en 1300 à divers ouvriers de Toulouse et qu'il fut, par conséquent, cultivé un des premiers. Les principaux tenanciers au seizième siècle étaient : Claire de Rivière, religieuse clarisse, Bernard Lafont, Denis Carron, Jean Belin, Bertrand Bessières, Guillaume Noguier et Pierre Fourcade, dizenier.

M. Mescur de Lasplanes acheta le 11 mars 1786 une bonne partie de ces petites propriétés ; il y fonda une maison de campagne et un vaste jardin. Après la Révolution, ce bien fut revendu en parcelles.

Jardin de M. de Lordat

Au midi de *Francouly*, Mᵉ Jean de Lordat, docteur et avocat, possédait en 1571 un champ et une vigne de *2 arpents, 7 boisseaux* en tout, qui appartinrent en 1690 à la veuve du sieur Brias, marchand *ferratier* de Toulouse.

Au commencement du dix-huitième siècle, la famille Durantou acheta cette propriété, qui fut divisée, après la Révolution, en trois lots représentés aujourd'hui par les enclos de MM. Delaux, Louis Durantou et Jean Fauré.

Propriété des Dames de Sainte-Claire

Les Religieuses possédaient ensuite dans le 9ᵉ *moulon* une terre de *19 arpents*, appelée le champ du Touch, qui dépendait de la métairie de la *Bouriette*, dont il sera question plus tard, et qui était déjà indiquée dans le cadastre de 1478.

Métairie de Saint-Aubin

La *borde* de Saint-Aubin était aussi très ancienne; elle avait fait partie de l'immense domaine de messire Louis du Bourg au quinzième siècle et comprenait de 80 à 100 arpents. Elle était divisée par le chemin de Saint-Martin à Tournefeuille en deux parties dont la première, du côté du levant et la seule dont nous ayons à parler pour le moment, contenait en 1571 les bâtiments d'exploitation et faisait suite au bien des Clarisses. Elle mesurait *11 arpents, 8 pugnères* et appartenait à cette époque à Jean Régnier, qui la laissa en 1581 à sa fille Jeanne, veuve de Jacques de Nolet. Elle fut recueillie dans la succession de sa mère par Jean-Jacques de Nolet, qui la donna en 1603 à son épouse, Anne de Benoît.

M. François Purpan, maître-chirurgien de Toulouse, l'acheta en 1615; il la revendit en 1629 à Guillaume

Campgrand, marchand de Toulouse. Nous la trouvons partagée, peu après, entre ses deux fils Pierre et Pierre-Jean.

Pierre-Jean Campgrand mourut en 1674 et laissa sa part à ses enfants Jean et François. Pierre Campgrand mourut en 1676 et légua ses terres à ses fils Dominique et François. En 1690, Saint-Aubin appartenait à François Campgrand avec une contenance de 7 *arpents* et à Dominique Campgrand pour *4 arpents 3 pugnères*. Dans un acte de 1772, nous retrouvons ces deux lots réunis entre les mains de Mᵉ Louis-Raymond Desazard, avocat au Parlement, qui se disait seigneur de Saint-Aubin et Fleurance. Toutes les constructions furent démolies à la fin du dix-huitième siècle et le fonds fut acheté en 1785 par Mᵉ Jean-Baptiste Mescur de Lasplanes, qui le laissa à son fils Mᵉ Marie-Guillaume-Francois-Xavier Mescur de Lasplanes, ancien conseiller au Parlement. Ce bien fut recueilli directement par M. Dominique Mescur de Lasplanes et rattaché à la métairie de Chabanassy, qui appartenait déjà à cette famille. Il fut acheté en 1851 avec ladite métairie par M. Guillaume-Justin Touzé, négociant, qui légua le tout à son fils, M. Paul Touzé. Enfin, M. Blaise Dantin, dernier propriétaire de Saint-Aubin, a bâti une grande laiterie sur l'emplacement de cette *borde*.

Dépendances de Chabanassy

Tout le territoire situé dans le 9ᵉ *moulon* entre la métairie de Saint-Aubin et le ruisseau Lesperréquat appartenait à Mʳᵉ Louis du Bourg en 1478 ; et, quoique divisé plus tard entre plusieurs propriétaires, la plus grande partie a longtemps dépendu de Chabanassy. Ainsi, en 1571, M. Jean de Chabanassy, tenait, après la borde de

Saint-Aubin, un champ ou pré de *15 arpents* qui fut d'abord vendu et que M. Mescur de Lasplanes racheta et réunit de nouveau à ladite *borde*. Ce champ et la métairie de Saint-Aubin avaient ensemble une étendue de *26 arpents 3 pugnères*. M Paul Touzé en fit deux lots : le premier de *12 arpents*, du côté nord, qu'il vendit à M. Blaise Dantin en 1887, et le second de *14 arpents* qui fut compris dans la vente de Chabanassy à M. Eugène Rességuier, le 21 juin 1892. Cette dernière partie est aujourd'hui traversée par la ligne du chemin de fer d'Auch.

M. Jean de Chabanassy avait encore dans ce *moulon* un champ de *3 pugnères*, immédiatement après le *Peyrot*, et un autre de *3 arpents 2 pugnères*, au bord du ruisseau, de Lesperréquat, qui ont toujours fait partie de la *Borde blanche*.

Bois de Carquet

Entre les terres de Chabanassy, le Peyrot et la rivière du Touch, existait sur la rive gauche, en 1571, un bois de *7 arpents 2 pugnères* dépendant du moulin situé sur la rive droite, qui appartenait alors à messire Jean Restes. Ce bois fut acheté le 5 avril 1599 par dame Anne de Rouly. Il fut revendu par dame Jeanne de Maury, épouse et héritière du fils de Rouly, à dame Claire de Panant, mariée au sieur Pierre Joyal. Ledit bois fut acheté en 1621 à Claire de Panant par Mᵉ Pierre de Carquet, ancien procureur en la Cour du Parlement, qui le laissa à noble de Carquet, écuyer et capitoul. Dame Marie de Carquet, mariée à Mᵉ Pierre-Paul de Sanson, tint ledit article à la date du 16 mai 1730. Le nom de Mᵉ de Sanson est resté attaché à ce bois, qui fut réuni à la métairie de Chabanassy par M. Mescur de Lasplanes, le 3 juillet 1779.

Métairie du Peyrot

Ce bien, confondu jusqu'au seizième siècle avec la *Borde blanche*, constituait au siècle suivant un nouveau fief, sous la dépendance de ce dernier domaine, moyennant une rente annuelle de *huit cestiers bled fromant bon et marchand, deux pugnères avoine, une paire galines et un poulet*. La première reconnaissance fut consentie par les descendants de Michel Darbon, ancien métayer de la Borde blanche, en faveur de dame de Portal, veuve de Jean de Chabanac, et remariée avec Jean de Pins, suivant acte retenu par Mᵉ Béssier, notaire de Toulouse, le 23 septembre 1593.

La propriété du Peyrot, disposée absolument comme celle de *Saint-Aubin*, était divisée par le chemin de Saint-Martin à Tournefeuille en deux parties, dont la moins considérable, au levant, contenait les bâtiments d'exploitation. Cette dernière partie, située dans le neuvième *moulon*, était composée de trois lots en 1571 : un lot central d'un arpent deux pugnères appartenant au sieur Peyrot Bauduer, marchand drapier, de Saint-Cyprien, et deux autres, de deux arpents deux pugnères chacun, au sieur Jean Darbon. Il est probable que la désignation de Peyrot donnée à cette propriété lui vient du nom de Peyrot Bauduer. Les trois lots sus-nommés furent réunis entre les mains de Louis Trébos, marchand, de Toulouse, qui acheta la part de Jean Darbon le 22 septembre 1638, et celle de Peyrot Bauduer presque en même temps. Louis Trébos institua sa légataire universelle par testament du 14 septembre 1641, dame Sévène de Saint-Gausens, son épouse. Celle-ci, dans le partage qu'elle fit de ses biens entre ses trois filles, Françoise, Antoinette et Barthélémy de Trébos, légua le Peyrot à cette dernière, qui était mariée au sieur Antoine Peyras. Ce bien fut re-

vendu le 6 octobre 1668 à M. Dominique Mulatier, docteur
en médecine. Mᶜ Michel Mulatier, son fils, conseiller au
Sénéchal, tint le Peyrot par donation, dans son contrat
de mariage du 16 novembre 1676. Cette propriété appartint ensuite à noble Guillaume Mulatier, écuyer, qui la
légua par testament à dame Jacquette Duranti, le 13 janvier 1750. Le Peyrot appartenait à dame Dassié en 1785
et pendant la Révolution au citoyen Guillaume Dufaud,
propriétaire aux Capelettes. M. Joseph Pélegan, qui
avait acheté le Peyrot au commencement du dix-neuvième siècle, le vendit le 2 juin 1838 à sa fille, dame
Marie-Jacquette Pélegan, mariée à Mᶜ François Dufour,
agréé près le tribunal de commerce de Toulouse.
Mᶜ Dufour mourut le 11 novembre 1858 et son épouse
le 30 octobre 1869. Mᶜ Alexandre Dufour, leur fils, ancien magistrat, receuillit le Peyrot dans la succession
de sa mère et le vendit à M. Eugène Rességuier le
20 juin 1897.

Bourgade et Gaye-Marie

Cette propriété était la mieux connue dans le cadastre
de 1478, puisqu'elle servait de limite au capitoulat de la
Daurade. Elle était alors possédée par Jean de la Gaye-
Marie et s'étendait depuis le Touch jusqu'à la haute
plaine, dans la juridiction de Colomiers. La partie qui
était située dans le neuvième *moulon* de la Daurade était
limitée par le Touch, le ruisseau Lesperréquat, le chemin de Saint-Martin à Tournefeuille et l'ancienne route
de Léguevin ; elle a dépendu de tout temps de la paroisse
de Saint-Michel-du-Château. En 1571, elle était divisée
en trois lots : le premier (Bourgade), touchant au ruisseau Lesperréquat, comprenait une *borde* entourée de
quatorze *arpents* trois *pugnères* de terre et appartenait
aux héritiers de Mᶜ Bernard de Puymisson, docteur et

avocat. En 1590, il était entre les mains d'Antoine Sifflot, marchand de Toulouse, et en 1603, Me Pierre Deybon, docteur et avocat, le tenait à son tour. A la fin du dix-septième siècle, huit *arpents* de cet article avec la *borde* appartenaient à noble Bertrand, écuyer. Au commencement du dix-huitième siècle, la dite *borde* était possédée par noble Etienne Havard de Lamazoire, curé de Saint-Nicolas, qui la donna par contrat de mariage à François Molinier le 17 juillet 1754, avec réserve de l'usufruit en faveur de dame de Lamazoire, veuve de M. Miègeville.

M. François Molinier et dame Anne-Louise-Françoise Cartier son épouse eurent deux fils : Jean Molinier et Thomas-Marie Molinier qui se partagèrent leurs biens après la mort de leurs parents. Ces biens consistaient en un domaine situé à Sainte-Foy-d'Aigrefeuille et la métairie de Bourgade. Cette dernière forma le lot de Thomas Molinier ; mais, comme elle était de moindre importance, il toucha une soulte de 7000 francs qui lui furent comptés par son frère aîné. Après le décès de Thomas Molinier, sa veuve, dame Marie Capel et ses trois enfants, dame Marie Molinier, épouse de M. Louis Miaskouski, officier polonais, François-Justin Molinier et demoiselle Marguerite-Françoise Molinier, vendirent Bourgade à M. Guillaume-Justin Touzé le 13 octobre 1846.

Le deuxième lot, à la suite de Bourgade, consistait en une petite *borde* entourée de *2 arpents 5 boisseaux* de terre appartenant, en 1571, à M. Clément Mandinelly.

Le troisième lot, un champ de *25 arpents*, était la propriété de M. Christophe Richard. Ces deux derniers lots, formant le quartier actuel de Gaye-Marie, furent achetés et réunis en 1649 par M. Guillaume Rougé, marchand, de Saint-Cyprien, qui eut pour héritier direct Jean Rougé aîné, avocat. Celui-ci laissa tous ses biens à sa fille, dame Claire Rougé, veuve de Mre Daniel de Poitevin de Montpeyrous, procureur du roi au Sénéchal, le 22 juillet 1729. M. Marc-Antoine Crozes, marchand, de Toulouse, acheta, le 29 mai 1749, ledit bien, qui fut ensuite vendu en parcelles.

Xe Moulon

Ce *moulon* était limité : au levant, par la route de Saint-Martin à Tournefeuille, au nord, par la route de l'Isle, au couchant, par un fossé-mère qui le séparait de la juridiction de Colomiers, et au midi, par le ruisseau Lesperréquat.

Métairie de Chabanassy

Cette métairie, désignée dans le cadastre de 1478 sous nom de Borde-blanche, qu'elle portait encore un siècle plus tard, faisait partie des immenses possessions de messire Louis du Bourg, ancien capitoul. Le patrimoine de Louis du Bourg fut recueilli par noble Simon du Bourg, qui donna à fief, à Bonnet Guille, une métairie de *50 arpents* dépendant de son domaine et située entre le grand chemin Français et les terres des familles Page et Fourcade ou *Varlet,* suivant acte du 18 septembre 1508 retenu par Me Guillaume Delpech, notaire à Toulouse. Les descendants de Bonnet Guille vendirent ce bien en 1542 à Jean Laborderie, qui en fit la reconnaissance le 12 juillet 1547 en faveur des héritiers de Guy du Bourg, qui avait succédé à Simon du Bourg. Ces héritiers étaient: dame Guillaumette de Valette, épouse de Me Jean de Restes, conseiller au Sénéchal, pour les deux tiers, et

Jean de Chabanac, notaire et secrétaire du Parlement, pour l'autre tiers. Dans le partage de cette succession, (acte du 9 janvier 1542, retenu par M⁰ Bolavoty, notaire, n° 192, folio 265), la métairie de Borde blanche, réduite à *68 arpents 2 boisseaux*, fut attribuée à Jean de Chabanac, qui lui donna probablement le nom de Chabanassy, qu'elle porte encore. Il la laissa à dame de Portal, son épouse, qui se maria en secondes noces avec messire Jean de Pins.

Messire Pol de Pins, né de ce mariage, en hérita le 26 mai 1615 et la légua à sa fille, dame Marguerite de Pins, qui épousa en premières noces messire Henri de Trotin; et en second lieu messire Maynard de l'Estang. Ce dernier donna à fief, en 1634 et par petites parcelles, la partie de Chabanassy connue sous le nom de Négosaoumos. Dame Marie de Lherm, épouse de noble de Fortic, ancien capitoul, acheta le bien de Chabanassy le 2 juin 1726 à dame Marie-Jeanne de Saint-Clément, fille et héritière de noble Henri-Christophe Maynard de l'Estang, et le laissa à dame Jeanne-Dorothée de Fortic, mariée à noble Jean-Baptiste Mescur de Lasplanes, écuyer.

Celui-ci tenait ladite propriété le 9 septembre 1764 comme administrateur des biens de ses deux enfants : M. Marie-Guillaume-François-Xavier et demoiselle Jeanne-Marie-Angélique; il donna en cette qualité diverses terres à fief à la même date.

M. François-Xavier de Lasplanes, qui devint conseiller au Parlement, prit possession de Chabanassy et l'agrandit considérablement; il le laissa à son fils, M. Dominique Mescur de Lasplanes, ancien officier supérieur du génie. Après la mort de M. Dominique Mescur de Lasplanes, sa veuve et ses trois enfants vendirent ladite métairie à M. Guillaume-Justin Touzé le 21 mars 1851. Etaient représentés dans cette vente selon leurs droits respectifs : Dame Françoise-Sabine-Hélène de Ferlus, veuve de M. de Lasplanes ; Dame Xavière-Sabine de Lasplanes, épouse de M. Gabriel de Belcastel ; M. Xavier-Raymond de Lasplanes, prêtre-missionnaire, et Demoiselle Fanny de Lasplanes, encore mineure. M. Félicité-Joseph-Paul Touzé reçut le 19 janvier 1879, pour sa part de la succession de son père, le bien de Chabanassy, qu'il vendit à M. Eugène Rességuier avec ses dépendances le 21 juin 1892.

Grand-Peyrot

On désignait ainsi la grande pièce située dans le 10ᵉ *moulon*, en face la *borde* du même nom, dont elle dépendait, comme nous l'avons dit plus haut. En 1478, elle faisait partie du domaine de M. Louis du Bourg et en 1571 elle était divisée en cinq parcelles, contenant ensemble vingt-cinq *arpents* et partagée entre Peyrot Bauduer et les héritiers de Jean Darbon. Ces cinq parcelles furent achetées en même temps et réunies à la métairie par Louis Trébos, marchand, de Toulouse, qui fonda ainsi un bien considérable. Cette propriété est restée intacte en passant par les mains de divers propriétaires que nous avons déjà fait connaître, jusqu'à M. Alexandre Dufour. Celui-ci vendit en parcelles vingt *arpents* environ pris du côté du couchant en 1882 et se réserva quatre *arpents*, le long du chemin de Saint-Martin à Tournefeuille, qui ont été achetés avec le Peyrot par M. Eugène Rességuier le 20 juin 1897.

Fleurance

Les terres sur lesquelles est bâti le hameau de Fleurance faisaient partie de la métairie de Saint-Aubin et comprenaient *60 arpents* environ. Elles restèrent attachées à cette métairie jusqu'à la famille Campgrand, dont les enfants (Dominique et François) les partagè- rent entre eux. Ceux ci les tenaient en deux lots séparés par la rue actuelle de Fleurance, qu'ils établirent comme chemin de service. Vers le commencement du dix-huitième siècle, ils donnèrent plusieurs champs à fief de chaque côté de ladite rue, à la condition qu'on y bâtirait des maisons dans un temps déterminé ou qu'on y planterait des vignes. Ils vendirent le 13 juillet 1773 à M. Louis-Raymond Desazard la pièce qui restait au midi, depuis les jardins de ce côté jusqu'au fossé-mère, dit de la *Plaine*, limite de cette propriété. M. Desazard conserva cette pièce avec la *borde* de Saint-Aubin, qu'il avait acquise d'autre part, jusqu'en 1785. Il vendit alors la métairie à M. de Lasplanes et donna à fief les terres situées dans le 10e *moulon*. Nous avons découvert le dossier d'un procès intenté par M. Desazard à un nommé Durantou pour le payement de rentes sur un fief de Fleurance. A cette occasion, les autres feuda- taires, qui étaient menacés des mêmes rigueurs, firent entre eux un pacte de solidarité devant Me Catenac, no- taire, à Colomiers, pour une action commune contre le seigneur de Saint-Aubin en cas d'attaque. Dans la liste des intéressés, nous avons relevé les noms suivants : Dominique Durantou, veuve Cassé, Pierre Bosc, Blaise Toulouse, Françoise Cassaigne, François Fauré, An- toine Delaux, Pierre Marignac, Jean Durantou, Jean Lafont, Etienne Salères, Guillaume Grimaud, Gabriel Delaux, Jean Trantoul, François Gimac, Jean Fauré, Joseph Marignac, Etienne Laxan et Jacques Maubaret.

Métairie de Labouriette ou Layraguet

Cette propriété, située au nord de Fleurance, est aussi désignée dans le cadastre de 1478 comme appartenant aux religieuses de Sainte-Claire, avec une contenance de *20 arpents* environ. Le cadastre de 1571 lui attribue *55 arpents* et celui de 1690 cinquante-huit. Cette augmentation avait eu lieu par suite de divers échanges ou ventes de biens entre les Clarisses, d'une part ; et Jean Pague, Jean Campa, Pierre et Raymond Fourcade d'autre part, dans les premières années du dix-septième siècle. A la Révolution, la Bouriette fut saisie et devint un bien national. Elle fut vendue, le 10 avril 1791, avec le *champ du Touch* qui en dépendait, au sieur Pierre Caperan, agissant pour le compte du citoyen Guillaume Roux. Celui-ci, qui avait déjà acheté Layrac et Montfort, donna la Bouriette à sa troisième fille, à l'occasion de son mariage avec le sieur Jacques-Antoine-Guillaume Augé. Le 8 janvier 1819, la métairie fut partagée entre les trois enfants du sieur Guillaume Augé et de dame Marguerite-Bernarde Roux, son épouse, comme provenant de la succession maternelle : ces enfants se nommaient : Jean-Marie-Saturnin, Marie-Rose, épouse Salamon, et Jean-Antoine Michel. Le 5 juillet 1832, à suite de licitation des biens de Jean-Marie-Saturnin Augé, MM. Antoine Severat et Guillaume Pouvillon achetèrent sa part à l'adjudication devant le tribunal civil de Toulouse et la revendirent en parcelles aussitôt après. Le lot de dame Salamon, sur lequel avait été bâtie la *Borde neuve*, et celui de M. Augé jeune, furent également vendus en parcelles, de gré à gré, aux habitants de Saint-Martin.

Domaine de Rouleau

Dans le cadastre de 1478, cette propriété appartenant à M. Louis du Bourg, était désignée sous le nom de *las Teyssounassas* et avait une contenance de cent arpents environ. Elle comprenait tout le territoire situé entre la *Borde blanche*, la route de l'Isle, la juridiction de Colomiers et le ruisseau de Lesperréquat. Au commencement du seizième siècle, cette métairie avait été divisée en plusieurs fiefs considérables : la famille Page, dont les ascendants avaient longtemps exploité *las Teyssounassas* comme métayers, tenait environ le tiers de la contenance totale. En 1571, les bâtiments, entourés de soixante-quatre arpents en plusieurs pièces distinctes, appartenaient à demoiselle Antoinette Grosse, *fournière des nonains de San-Subra*. Elle en donna une partie à fief et vendit le reste le 19 août 1587 à M. Simon Roux. Les héritiers de ce dernier revendirent ce bien le 1er août 1592 à Dominique Miègeville, qui le laissa à sa fille Peyronne, mariée à M. Nicolas Rouleau. M. Jean Rouleau, leur fils, vendit, le 23 avril 1635, à M. Jacques de Cassaigneau, conseiller du roi au Parlement, la dite propriété réduite à quarante-six *arpents* ; mais elle fut rachetée, le 26 mars 1645, par un autre M. Rouleau (Pierre-Jean) qui lui donna son nom. Celui-ci l'agrandit beaucoup par plusieurs achats de terres voisines à Jean Josse, Benoît d'Héliot, prêtre, et Pierre Jolibert, travailleur.

Demoiselle Jeanne Rouleau, sa fille, hérita de la métairie qu'elle vendit le 4 mai 1699 à M. Pierre Roger. Ce dernier, après avoir acheté un champ voisin de deux arpents à Mᵈ de Mélet, président au Parlement, laissa son bien aux demoiselles Rose et Jeanne Roger, ses filles, qui le vendirent à M. Sébastien Hénault, imprimeur, de Toulouse, le 27 juin 1766. M. Hénault agrandit encore le domaine par de nouveaux achats, notamment à demoiselle Marie-Marguerite Sentoux, au sieur Pierre Marignac, et le légua à sa fille, mariée à M. Raymond Dubosc, le 28 mars 1792. Les époux Dubosc laissèrent enfin la propriété de Rouleau à leur fille Joséphine, mariée à

M. Etienne Rives, négociant, dont les enfants l'ont conservée longtemps indivisée.

M. Achille Rives, pharmacien-major, l'a recueillie au décès de ses frères et l'a donnée, par contrat de mariage, à sa fille unique, M^mc Amélie Calvet, le 25 novembre 1895.

A titre de supplément, comme nous l'avons déjà annoncé, nous allons faire connaître les propriétés annexées à la paroisse de Saint-Martin par ordonnance de S. E. le Cardinal de Clermont-Tonnerre à la date du 29 septembre 1828.

Domaine de Marmande

Ce domaine faisait partie du onzième *moulon* du capitoulat de la Daurade et comprenait en 1571 une *borde* avec quarante *arpents*, deux *pugnères*, un *boisseau* de terre, appartenant à Mc Jean de Lordat, docteur et capitoul.

Le sieur Jean Marrast, notaire à Toulouse, se rendit propriétaire de la *borde* de M. de Lordat à la vente qui en fut faite par adjudication devant le Parlement le 18 septembre 1613. M^c de Marrast, conseiller au Parlement, lui succéda sur ce bien, et ses héritiers le revendirent au sieur Jean Castel, marchand, de Toulouse, le 28 juillet 1706. Nous avons relevé dans les livres de la paroisse de Saint-Michel-du-Touch (16 décembre 1736), le baptême d'une demoiselle Marie-Charles-Sophie, fille du sieur Jean-Pierre Castel, seigneur de Ségreville, conseiller du roi, trésorier-général des finances à Toulouse et de dame de Faudoas, son épouse. Cette famille habitait sans aucun doute la propriété de Marmande à cette époque.

Au commencement du dix-neuvième siècle, le bien de Marmande fut acheté par M. Jean-Joseph Lazare de Combettes, vicomte de Caumon, à son retour d'Amérique où il avait émigré pendant la Révolution. Entré dans la magistrature et nommé conseiller à la cour d'appel en 1809, Mre de Combettes-Caumon fit bâtir le château sur les données qu'il avait recueillïes pendant son séjour à l'étranger. Il fit embellir aussi la propriété et la revendit à M. le vicomte de Solages en 1820. M. Auguste de Naurois en devint propriétaire lors de son mariage avec demoiselle Marie-Gabrielle de Solages, le 16 juin 1830, et fit construire des dépendances considérables. Il réunit encore à son bien plusieurs parcelles de terre qui le séparaient de la route de l'Isle et les deux métairies de Griffolet.

M. Théodore de Sevin, son gendre, fit aussi quelques additions au domaine de Marmande, mais l'honneur de le compléter était réservé à M. Edouard de Sevin.

Entre la *borde* de Marmande et la route de l'Isle, M. de Mansencal possédait au seizième siècle un champ de sept arpents, qui faisait partie du domaine d'Ardizas. Cette terre appartint ensuite à demoiselle Jeanne de Mansencal, épouse de M. Michel de Cheverry, seigneur de la Réole, qui le donna à fief en parcelles à divers habitants de Saint-Martin. Dans le cadastre de 1690, figure sur cette pièce de terre un moulin à vent que le sieur Guillaume Talexy tint plus tard de dame Catherine de Blandinières, en locatairie perpétuelle de vingt-neuf en vingt-neuf ans, par acte du 29 juillet 1771. Il avait pris en même temps et dans les mêmes conditions le moulin à eau dont il va être question. M. Auguste de Naurois acheta tous ces fiefs après 1830, sauf le moulin à vent.

Moulin Rigaud

Ce moulin, situé dans le cinquième *moulon* du capitoulat de la Daurade, a fait longtemps partie du domaine d'Ardizas. Le sieur Guillaume Talexy fut le premier qui l'exploita pour son compte.

Le sieur Cazeneuve acheta plus tard ce moulin en deux lots, savoir : la première moitié au sieur Géraud Lafont, marchand d'habits, à Toulouse, le 4 mars 1791 ; et la seconde à Arnaud Balancy, dont les biens furent vendus par adjudication devant le Parlement le 13 juin 1785. Le dit Cazeneuve revendit le moulin le 3 avril 1811 au sieur Arnaud Rigaud, alors meunier à Lardenne. Celui-ci le divisa, en mourant, en deux parts égales à ses enfants Jean Rigaud, de Maubec, et Jean-Baptiste Rigaud, de Saint-Martin. A la suite d'un règlement d'affaires de famille, Jean-Baptiste Rigaud garda seul le moulin et le transmit à Antoine Rigaud qui l'a laissé à son fils Bernard Rigaud, propriétaire actuel.

En terminant l'histoire de la propriété, nous allons énumérer, par ordre d'ancienneté, les constructions remarquables qui ont été faites dans la paroisse :

1° La vieille église dont nous avons retrouvé le plan, avait été bâtie en deux fois ; elle n'offrait de particulier qu'une belle coupole sans décorations, la porte d'entrée à plein cintre et un beau clocher en éventail.

2° Le château d'Ardizas fut bâti au commencement du seizième siècle par M. Jean de Mansencal. Les réparations faites par M. Pech en ont dénaturé le caractère.

3° Le château Doujat fut bâti par Jean d'Aussone au commencement du seizième siècle ; il est mentionné dans le cadastre de 1571 pour la première fois.

4° Le château de Rouleau, parfaitement conservé, est un type de construction du dix-huitième siècle.

5° Le château de Laporte a été mutilé et démoli à moitié ; mais on reconnaît encore, dans ce qui reste, tous les caractères des grandes maisons du dix-septième siècle.

6° Le château de Marmande fut bâti par M. de Combettes-Caumon au commencement du dix-neuvième siècle. C'est un beau modèle d'habitation moderne.

7° Enfin, la paroisse possède un véritable monument dans sa nouvelle église, œuvre de Jacques-Jean Esquié, bâtie en 1850. C'est un édifice roman, dont les principaux ornements ont été empruntés à la basilique Saint-Sernin de Toulouse. Elle peut aisément supporter la critique, puisque le plan a été honoré d'un diplôme d'honneur à l'exposition des beaux-arts.

Comme travaux d'art, il est juste de citer encore les trois grands ponts bâtis sur le Touch en 1775 lors de la création des grandes routes de Bayonne, de Lombez et de Lectoure. Ils sont établis sur un modèle identique qui prouve leur origine commune.

Le pont en biais du chemin de fer d'Auch, bâti en 1877, mérite aussi une mention spéciale ; il est particulièrement remarquable par la précision des lignes et les bonnes conditions de son établissement.

Nous ajouterons un dernier mot sur les fontaines du village. Ces sources précieuses, auxquelles les habitants ont de tout temps attaché un grand prix, sont en effet la base de l'alimentation et de la santé publiques. Nous avons déjà parlé de la fontaine de Lasbordes qui est, au rapport du conseil d'hygiène, la meilleure de toutes ; nous n'y revenons que pour la recommander fortement à la consommation. L'ancienne fontaine centrale avait une origine aussi ancienne que la précédente, puisqu'elle est indiquée en même temps dans un plan de 1532. La transformation qu'elle a subie en 1882 n'est heureuse à aucun point de vue, et l'avenir nous dira s'il n'y a pas lieu de modifier encore le mode de distribution de ses eaux.

Une autre fontaine, également détruite, existait sur le terrain de Labouriette, le long de la route nationale : elle fut donnée en locatairie perpétuelle de 29 en 29 ans par les Clarisses aux sieurs Jacques Figarède et Pierre Clavé, travailleurs de Saint-Martin, le 10 avril 1785. Cette excellente source appartint ensuite au sieur Louis Durantou, dont elle a porté longtemps le nom ; elle est restée ouverte jusqu'en 1889, époque à laquelle les eaux furent captées et conduites dans un réservoir qui existe encore.

Dans un bail à nouveau fief de la métairie de Saint-Aubin, passé le 1er décembre 1513, entre Mre du Bourg, seigneur de Layrac et le sieur Jean Aliot, travailleur, il est question de la *fount de Sant-Alby*, située sur ce bien. Après avoir été longtemps abandonnée, elle vient d'être restaurée par M. Blaise Dantin.

Il y avait encore une dernière fontaine dite de *la Cave*, appartenant à M. Doujat et située entre son enclos et le *camp de caoulet*, sur l'emplacement de l'ancien chemin de Lévignac, en face le jardin du sieur Guillaume Grimaud. On l'a comblée en 1868, lors de l'ouverture de l'avenue du nouveau cimetière. Elle était aussi très ancienne, puisque nous avons relevé dans un bail du 5 février 1665 que M. Pierre Doujat donna à fief au sieur Pierre Labadie, laboureur, deux cents cannes carrées de terre au *camp de caoulet* (côté Nord), à la condition qu'il y bâtirait une maison dans un délai de deux ans, avec la faculté de prendre de l'eau à la dite fontaine et d'y laver les lessives, moyennant une rente annuelle de *50 sols*. La maison et le jardin de la veuve Guillaumette Sévérat représentent aujourd'hui la propriété du sieur Labadie.

CHAPITRE III

Documents
concernant l'Histoire de l'Église.

S'il ne nous est pas possible de préciser la date de la fondation de la paroisse de Saint-Martin-du-Touch, nous aurons du moins l'avantage de fournir la preuve de son ancienneté. Il n'est pas douteux, par exemple, qu'elle existait au treizième siècle ; car dans les concessions à fieffaites par Guillaume Prim, sur sa métairie de Layrac, l'an 1300 et les années suivantes, il est dit plusieurs fois que les terres qu'il donna ainsi, à divers habitants de Toulouse, étaient situées devant l'église de Saint-Martin.

Ici se pose une question intéressante : la première chapelle était-elle près de la maison de Layrac ou à la place de l'église actuelle ? Les deux opinions peuvent être également soutenues. Il est certain d'abord que la paroisse était désignée par le seul nom de Layrac (*Alayraco*) dans les titres officiels de 1318, et dans tous les actes privés du quatorzième siècle. Les bulles pontificales de 1337 sont encore à l'adresse du recteur de Layrac. Au commencement du quinzième siècle, on trouve encore la désignation de Saint-Martin-de-Layrac, et ce n'est qu'en 1478 que nous avons relevé pour la première fois le nom de Saint-Martin-du-Touch. Il se pourrait donc que la première chapelle fut à côté du château de Layrac; mais, d'autre part, les possessions de Guillaume Prim aboutissant jusqu'au grand chemin français de l'Isle, il peut se faire aussi que les terres qu'il donna à fief fussent devant l'église placée comme de nos jours, et qu'elles dépendissent en même temps du bien de Layrac. Nous n'avons pas d'ailleurs trouvé la moindre trace de la translation qui aurait dû être faite au quinzième siècle. Il est juste cependant d'ajouter que lors de la démolition de l'église, en 1847, on a pu s'assurer que cette construction n'avait que trois cents ans d'existence; mais ceci ne prouve rien non plus, attendu qu'elle aurait pu avoir succédé sur le même emplacement à une autre plus ancienne encore. C'est, en résumé, la version la plus probable.

La paroisse de Layrac faisait partie du nouvel archidiocèse de Toulouse, érigé le 25 juin 1317, par le pape Jean XXII; elle est mentionnée dans une bulle datée du 22 février 1318, parmi celles dont l'archevêque percevait la dîme en tout ou en partie, et placée dans l'archiprêtré du Lherm (*de heremo*). Le recteur payait quarante-huit *sols* de décimes au pape et cent tournois de procuration à l'archevêque. Le premier recteur connu est Pierre Testa, qui *bailla* à ferme, le 4 juillet 1337, les revenus de son église, distraction faite des biens des Clarisses et sous la réserve du *Manuel* (casuel), à Pierre Jean Lancossilla, notaire à Toulouse, pour soixante livres par an.

Le même curé assigna en cour de Rome les religieuses de Sainte-Claire; mais par sentence du 13 janvier 1342, rendue par les juges d'Eglise, il dut renoncer au bénéfice des droits décimaux sur les biens des dites religieuses, en vertu de l'exemption à elles accordée le

2 juin 1293, par le pape Boniface VIII, et confirmée le 14 octobre 1325 par Jean XXII. Ce privilège fut renouvelé plus tard par Benoît XII, et le 6 décembre 1524 par Clément VII. Après Pierre Testa, se trouve une longue vacance de la rectorerie de Layrac, due peut être à l'insuffisance du bénéfice ; il faut arriver au 24 octobre 1452 pour retrouver un nouveau curé. A cette date, en effet, l'archevêque Bernard du Rozier réunit le synode et parmi les assistants on remarqua Déodat Pilosin, recteur de Saint-Martin-de-Layrac. En 1474, Bernard de Léglise, autre recteur, introduisit une instance devant le Sénéchal de Toulouse contre les religieuses de Sainte-Claire, pour le paiement de la dîme. La sentence ne fut rendue que sous Jean Cailhot, son successeur ; et les religieuses furent maintenues dans leurs privilèges. Jean Cailhot fit appel devant le parlement ; mais la Cour, par son arrêt du 21 juillet 1479, confirma le jugement du Sénéchal.

Nous avons ensuite découvert dans les archives des notaires le nom de Bertrand de Pague, autre recteur de Saint-Martin, qui vivait au commencement du seizième siècle. Il est rapporté dans un acte du 22 avril 1518, que Mᵉ Bertrand de Pague, curé, vendit une maison avec jardin contigu à Mᶜ Pierre Despagne, prêtre de Crastres, du diocèse d'Auch. Il a été déjà question de cette vente dans l'histoire *du champ de l'église* (1).

Dans le registre des lettres de régence, le recteur de Saint-Martin de Layrac ou du Touch est inscrit en 1535 sous le nom de Golphin Pecon, ayant pour vicaire le sieur Geoffroy Bessières. La cure, dont la collation appartenait à l'archevêque, donnait *80 livres* de revenu.

Les archives des notaires (au Palais) contiennent la

____

(1) Bertrand de Pague avait acheté ladite maison à Gabriel Brissonnet, le 9 novembre 1502

mention suivante : « *Le 7 janvier 1537 dans la maison*
« *de Michel du Faur juge-mage, François d'Arjac rec-*
« *teur de l'église paroissiale d'Aucamville et vicaire gé-*
« *néral substitué par Jacques du Faur confère le recto-*
« *rat de l'église paroissiale de Saint-Martin de Layrac*
« *au sieur Jean Bertrand clerc du diocèse de Narbonne.* »

Cette cure vacante par la mort de Golphin Pécon, décédé dans le mois réservé aux gradués, était à l'entière disposition de l'archevêque.

D'après un autre document de 1538, ayant la même origine, le sieur Jean Bertrand, recteur de Saint-Martin de Layrac, était autorisé à ne pas résider, et à confier la régence au sieur Geoffroy Bessières, précédemment vicaire. Les revenus de la rectorerie étaient estimés à cent vingt livres, dont la moitié appartenait à l'archevêque, qui avait tout pouvoir pour conférer le titre en cas de vacance. Les religieuses de Sainte-Claire et le recteur se partageaient l'autre moitié, dans une proportion qui n'est pas bien déterminée.

Dans le livre des collations de l'archevêché, nous avons relevé les faits suivants :

Le 12 juin 1571, le recteur de Saint-Martin de Layrac, Pierre Pilot, résigne son bénéfice et permute avec Pierre Baras, chanoine d'Albi et curé de Saint-Vincent de Couladère, diocèse de Rieux.

Le 18 août 1571, Pierre Baras, recteur de Saint-Martin de Layrac, résigna son bénéfice en faveur d'autre Pierre Baras, son frère, chanoine de Toulouse, et curé de Malegoude, diocèse de Mirepoix.

Le 23 juin 1573, Jacques Cavaignes, chanoine de Saint-Etienne, prend possession de la cure de Saint-Martin de Layrac.

Le 31 mai 1574, Polibius Mommaton, clerc du diocèse de Rodez, est mis en possession de la cure de Saint-Martin de Layrac.

Le 2 octobre 1574, Polibius Mommaton résigne son bénéfice en faveur de Thomas Calmels, clerc du diocèse d'Albi, qui prend possession le même jour.

Le 19 juin 1579, Thomas Calmels, recteur de Saint-Martin de Layrac, résigne son bénéfice en faveur de Pierre Couttet, prêtre, du diocèse de Toulouse.

Le 7 décembre 1579, Jean Laurent, clerc, du diocèse de Rodez, prend possession de la cure de Saint-Martin de Layrac, vacante par la mort de Pierre Couttet.

Dans le fonds des Jésuites (registre 51), sur la pancarte de Joyeuse, on peut constater qu'en 1590 la paroisse de Saint-Martin était encore dans l'archiprêtré du Lherm et de la collation de l'archevêque : le curé s'appelait alors Michel Barthe et ne résidait pas ; depuis 1580, il était pourvu de cette rectorerie, dont le revenu était de 500 livres.

Dans le recueil des visites (fonds de l'archevêché, liasse 596), se trouve le rapport de la visite générale des églises du diocèse ordonnée par le cardinal de Joyeuse en 1596. Dans l'archiprêtré du Lherm, ce fut Jehan Chabanel, recteur et vicaire perpétuel de l'église de la Daurade, qui fut délégué pour cette mission. Il visita le Fauga et Lauach, le 2 septembre ; Pinsaguel, Roques et Portet, le 3 ; Saint-Simon et Colomiers, le 4 ; Pibrac et Saint-Martin, le 6. (Sainte-Germaine vivait en ce moment et avait dix-sept ans). Dans la relation de cette dernière visite qui a été conservée, nous avons relevé les faits suivants : le curé Michel Barthe, âgé de 60 ans et natif de Villemur, était prêtre de la douzaine de l'église Saint-Barthélemy de Toulouse ; il avait pour vicaire Léonard Gallot, enfant de Saint-Martin, âgé de 30 ans. Il existait une confrérie sous le patronage de Saint-Martin, avec des statuts approuvés par l'autorité ecclésiastique. L'église avait cinq bassins pour l'entretien des œuvres y compris celui des âmes du Purgatoire, et un obit de 5 *livres*, reconnu sur la métairie de M. Doujat. Il n'y avait que deux hommes et deux femmes qui ne se confessaient pas et on comptait 147 communiants. On trouve mentionnée dans la même relation, la chapelle du château de Layrac appartenant aux religieuses de Sainte-Claire, qui fut également visitée : elle était en fort mauvais état et mal éclairée. Placée à gauche de la cour en entrant, elle ressemblait plutôt à un grenier ou à un chai, selon les termes du rapport.

Une seconde visite, ordonnée par le Cardinal de Joyeuse, fut faite en 1604 par le sieur Ferdinand Alvarus, recteur de l'Isle-en-Jourdain. Rien n'était changé dans la paroisse ; on ne trouve signalé en plus qu'un autel dédié à saint Blaise. Le délégué de l'Archevêque ordonna qu'une image représentant Saint-Martin à cheval serait transférée de l'église à l'oratoire du village, et remplacée par une autre image du même saint, habillé en évêque.

Il ordonna encore que les héritiers du sieur Salère, ancien vicaire de la paroisse, feraient réparer son tombeau, qui était au milieu de la nef et mal entretenu.

Vers 1610, Michel Barthe eut pour successeur Jean de Boyer, qui fut en même temps Conseiller au Parlement, chanoine de l'Eglise métropolitaine de Saint-Etienne et recteur de Saint-Martin-du-Touch. Son nom est cité pour la première fois, en 1612, dans un titre de fondation d'obit pour l'entretien de l'oratoire de Notre-Dame de Pitié.

Cette chapelle, située au centre du village, entre la fontaine et la route de Colomiers, avait été bâtie à la fin du seizième siècle par François de Laporte, conseiller au Parlement et seigneur de Sainte-Livrade. A la date du 4 avril 1612, il y attacha un obit reconnu sur une vigne et des terres labourables qu'il possédait à Blagnac, suivant acte retenu par Me Duplessis, notaire de Toulouse. Le premier bénéficier de cet obit fut le sieur Jean Auriol, natif de Blagnac et vicaire de Saint-Martin. Cette fondation avait été faite par M. de Laporte pour remercier Dieu de lui avoir permis d'arriver sans infirmités à l'âge de 75 ans, et d'avoir échappé sain et sauf aux troubles qui avaient agité le pays. On devait dire, dans l'oratoire, une messe basse, tous les lundis, de sept à huit heures, à l'intention de ses parents défunts et y chanter à genoux, tous les dimanches, après complies, aux quatre grandes fêtes de l'année et les vigiles des fêtes de la Sainte-Vierge, le *Salve Regina* avec verset et oraison appropriés.

Les paroissiens devaient être convoqués à cet effet au son de la clochette qui était dans la chapelle ; les bailes de l'église devaient rendre compte tous les ans, le lundi de Pâques, de l'emploi de l'obit et des aumônes faites par les fidèles ou par les pèlerins allant à Saint-Jacques en Gallice.

Telle est l'origine de cette chapelle qui fut pieusement fréquentée jusqu'en 1791, époque à laquelle elle fut démolie. Il est probable que la statue très ancienne de Notre-Dame de Pitié, qui est aujourd'hui au fond de l'église, est celle qui était l'objet d'une grande vénération dans cet oratoire ; elle a dû être sauvée par quelque bon paroissien pendant la Révolution.

L'œuvre principale de Jean de Boyer fut la restauration de l'église, qui était en bien mauvais état, si l'on en juge par les devis insérés dans deux baux à besogne enregistrés sur le livre particulier de l'Archevêché.

Dans le premier (du 29 novembre 1615), Jean de Boyer, recteur, et M⁰ Pierre Pondensan, procureur au Parlement, et représentant de Monseigneur l'Archevêque, chargent Jacques Nouzières, maçon, de Toulouse, de faire à l'église les réparations suivantes : 1° crépir le clocher sur les deux faces et regarnir à l'extérieur les mûrs du bâtiment ruinés par le mauvais temps ; 2° *en-lusir* l'entrée de l'église avec du mortier *franc* à chaux et sable ; 3° raccommoder le pavage intérieur ; 4° faire un auvent en bois de la largeur du clocher, pour couvrir le lieu où on sonne ; 5° réparer le marche-pied du devant de l'autel et la porte du chœur ; 6° faire une porte neuve à la grande entrée.

Toutes les fournitures devaient être faites par l'entrepreneur et les charrois des matériaux par les paroissiens. Le maçon devait exécuter les travaux dans le délai d'un mois et recevoir 70 livres, payables, moitié par l'archevêque, moitié par le recteur.

Dans le second bail (du 18 février 1618), Hector de Potier et Jean de Boudet, avocats à la cour du Parlement et agents généraux de l'Archevêque, et Jean de Boyer, recteur, donnent également à prix fait la réfection de toute la toiture de l'église à Jean Bisquier, charpentier, de Toulouse, pour la somme de 35 livres payables comme ci-devant. Les deux baux avaient été passés devant M⁰ Deortis, notaire. Dans plusieurs actes de 1617, intéressant l'église de Saint-Martin, le sieur Géraud Douzous, vicaire, est désigné comme témoin ; et, sur le livre des reconnaissances, nous avons trouvé deux reçus de 1624 et 1626 signés : Lamothe, vicaire de Saint-Martin du Touch.

Ici se termine la période des recteurs non résidants, et nous voyons arriver au commencement du dix-septième siècle la nouvelle série des curés ayant leur domicile fixe à Saint-Martin. En même temps, apparaissent les livres d'église qui nous ont été d'un si grand secours.

Le 28 février 1628, M⁰ Bertrand Boyer, tonsuré, fut mis en possession de la cure de Saint-Martin par Pierre Guaben, vicaire dudit lieu, à la suite de la résignation de Jean de Boyer, son frère, précédent recteur. Cette résignation avait été approuvée par le pape le 17 août et par Me François de Maran, vicaire général, le 24 février 1628. Un des premiers soins de Bertrand Boyer fut d'acheter un petit champ près de l'église (le 19 février 1629), sur lequel il fit construire une maison pour son habitation.

Le 1er avril 1620, en présence de Me Dallet, notaire, les marguilliers de l'église de Saint-Martin remirent à Me Bertrand Boyer, un calice d'argent et une chasuble avec son étole, en vertu d'une ordonnance de Me Jacques de Marçaud, vicaire-général, du 24 mars précédent. Ces marguilliers se nommaient Jean Donnadieu, Raymond Carrière, Manaud Cassaigne et Samson Fonsorbes; les témoins de cet acte furent : Jean Lautier, prêtre, bachelier en théologie et Pierre Guaben, vicaire.

Le 26 mai 1653, Bertrand Boyer fut pourvu de l'obit de l'oratoire de Notre Dame de Pitié, par Jacques Bonalasbays, prêtre de la douzaine de l'église Saint-Nicolas, de Saint-Cyprien, en présence du sieur Tauran, vicaire de Saint-Martin et avec le consentement de François-Antoine-Siméon de Laporte, neveu du fondateur, qui en était le patron.

Le 6 mars 1655, ce fut un prêtre de Toulouse du nom de Pierre Martin, qui bénéficia de cet obit en remplacement du recteur de Saint-Martin, décédé. Me Bertrand Boyer était mort, en effet, dans sa maison, le 17 février 1654 et avait été enterré dans l'église de Saint-Nicolas, devant le maître-autel.

Sur les livres de paroisse, nous avons constaté successivement les noms des vicaires qui suivent : Lacoste en 1632, Régné en 1634. Déboria en 1641, Deu en 1645, Dupuy en 1648, Pinos en 1648 et Rodulphy en 1651 ; plus tard, les sieurs Tauran et Bertrand, vicaires, ont signé divers actes.

Dans le registre des mariages, dont la plupart étaient célébrés, en ce temps-là, le dimanche à la seconde messe, nous avons relevé, de 1655 à 1662, les signatures du sieur de Maras, recteur de Saint-Martin et de François Talessie, son successeur, qui ne paraissent pas avoir résidé dans la paroisse. Pendant cette période, l'église de Saint-Martin fut administrée par un vicaire-régent du nom de Jean Laburthe, qui rendit de grands services aux habitants; il est cité plusieurs fois, même dans des actes privés, comme le dévoué protecteur des intérêts de ses paroissiens.

Au commencement de l'année 1662, le sieur Jacques Argellot, curé de Beaufort, fut nommé à Saint-Martin. Dès les premiers temps de son administration, il fit assigner devant le Sénéchal (le 9 juin 1664), les Dames de Sainte-Claire, pour le paiement de la dîme; mais les religieuses produisirent pour leur défense les bulles d'exemption déjà énoncées des Souverains-Pontifes, et les lettres patentes en leur faveur des rois de France, Charles IX, Henri III, Henri IV, Louis XIII et Louis XIV. Mᶜ Argellot mourut le 16 mai 1688; il avait eu plusieurs vicaires : les sieurs Fisse, de 1662 à 1665, Roussel en 1666, Guitard de 1671 à 1674, Agusan en 1676 et Monteils de 1667 à 1688. De 1667 à 1670, il avait eu aussi pour vicaire un de ses parents portant le même nom, qui mourut à Saint-Martin, le 2 septembre 1670, à l'âge de 45 ans.

La paroisse de Saint-Martin reçut un nouveau recteur le 2 juin 1689, Mᶜ François Defès, originaire de Tulle et docteur de l'université de Toulouse. En 1697, il envoya une supplique au Souverain-Pontife, dans laquelle il résignait le titre de la cure, à cause de ses infirmités, en faveur de Jean Defès, son neveu, curé de Saint-Pé-d'Ardet au diocèse de Comminges. Il mourut, néammoins à Saint-Martin, le 30 juillet 1704.

Nous avons trouvé dans le fonds de l'archevêché la relation d'une visite pastorale faite par Monseigneur

Jean-Baptiste-Michel de Colbert de Villacerf, le 12 mai 1698, du temps de M⁰ Defés. Elle ne contient rien de remarquable; l'archevêque se borna à ordonner quelques réparations urgentes. M⁰ Defés avait eu aussi plusieurs vicaires : les sieurs Simon, de 1692 à 1693, Audran, de 1694 à 1695; Mespolet, de 1695 à 1697; Marre, de 1701 à 1702; Trasse, de 1702 à 1703, et Pouville en 1704.

Du 26 octobre 1704 au 8 mars 1705, plusieurs actes, sur les registres de l'église, portent la signature de Jean-Pierre Géraud, curé de Saint-Pierre dans Toulouse et de Saint-Martin-du-Touch. M⁰ Géraud, ancien curé de Cordes, diocèse de Montauban, avait été mis en possession de la cure de Saint-Pierre-des-Cuisines, le 6 avril 1700, sur la réquisition appuyée par son titre de bachelier en théologie. Il fut pourvu de la cure de Saint-Martin le 4 août 1704, comme le plus ancien gradué nommé par l'Université de Toulouse. Le 10 mars 1705, il permuta cette dernière cure contre le bénéfice d'une prébende dont jouissait M⁰ Alexandre Labadens, prêtre de la douzaine du chapitre de Saint-Etienne et docteur en théologie.

M. Labadens, originaire du diocèse d'Auch, avait été recteur de la paroisse de Renouffielle et des annexes de Clermont et de Cassemartin, dans la juridiction de l'Isle-en-Jourdain. Il avait échangé cette cure le 14 septembre 1703 contre le titre de *prébendier* de Saint-Etienne, que possédait avant lui M⁰ Arnaud Vernhes, prêtre, docteur en théologie. La Cour de Rome et l'Ordinaire ayant approuvé ces diverses mutations, M⁰ Labadens prit possession de la cure de Saint-Martin le 12 juillet 1705 et y vécut vingt-huit ans. Ce prêtre fit le plus grand bien dans notre paroisse, qui faisait partie en ce moment de la conférence de Plaisance avec Colomiers, Fonsorbes, la Salvetat et Portet. M⁰ Labadens fonda une maison curiale très convenable près de l'église ; il organisa en 1715, avec l'aide de M. Doujat, le Bureau des pauvres, créé par la libéralité d'un vénérable ecclésiastique, Arnaud Darthez, dont nous parlerons plus loin. Arrivé au terme de sa carrière et se sentant gravement atteint par la maladie, Me Labadens fit son testament le 31 décembre 1732, en présence de Me Pratviel, notaire, et des sieurs Vital Mouchet et Jean Amiel, travailleurs. Il fit des legs pieux et charitables qui témoignent de sa grande vertu. Il donna : cent vingt *livres* pour un annuel de messes à dire par MM. les recteurs de la paroisse de Gaillac, où il avait été lui-même curé ; cent *livres* aux pauvres du même lieu ; cent vingt *livres* aux Révérends Pères Grands-Carmes de Toulouse ; quatre cents *livres* aux Révérends Pères Cordeliers ; cent cinquante *livres* à son ancienne servante Jeanne Salut, et sa maison de Saint-Martin à ses successeurs, à la charge par eux de payer à perpétuité une rente de dix *livres* pour l'entretien de la lampe du Saint-Sacrement. Il institua légataires généraux et universels ses neveux et nièces, enfants de feu Joseph Labadens, son frère, avocat au Parlement, et de dame de Barthe, son épouse. Il désigna pour son exécuteur testamentaire Me Doujat, conseiller au Parlement, *son bon ami*, avec l'assistance du R. P. Thadée Garipuy, son confesseur, de l'ordre des Grands-Carmes. M. Labadens avait eu pour vicaires les sieurs Pouville en 1706, Poulié en 1708, Genieys de 1708 à 1714, Décamps de 1716 à 1719, et Marsolan en 1730.

M. Labadens mourut le 10 janvier 1733 et eut pour successeur Me Jean Alaux, recteur de Notre-Dame de Lagardelle, qui prit possession de la cure de Saint-Martin le 16 janvier. Prêtre du diocèse de Rodez, M. Alaux était maître ès-arts et bachelier en théologie de l'Université de Toulouse. Il avait été vicaire de Lagardelle pendant quelques années, et ensuite curé du même lieu à partir de 1713. Il résigna ce dernier titre le 19 novembre 1733 en faveur de Pierre Alaux, son neveu, déjà vicaire, moyennant une pension viagère de cent cinquante *livres*. Installé à Saint-Martin, il administra seul la paroisse pendant trois ans et demi avec une extrême régularité. Il donna sa démission le 9 août 1736 pour aller prendre la direction de l'église Saint-Germier de Muret, où il resta jusqu'en 1764. Ce fut probablement son dernier poste ; car il avait à cette dernière date près de quatre-vingts ans. Me Alaux avait pour habitude d'enregistrer avec soin tout ce qui pouvait intéresser la paroisse. Nous lui devons la relation suivante, qui mérite d'être citée :

« M. Arnaud Darthez, prêtre, par son testament du
« 26 mai 1712, remis au sieur Pomiés, notaire à Tou-
« louse, le 17 janvier 1715, institue ses héritiers les
« pauvres de Saint-Martin-du-Touch et veut que, lors-
« que lesdits pauvres auront joui de son hérédité pen-
« dant dix ans, les revenus de la onzième année appar-
« tiennent aux RR. PP. de Saint-Lazare, à la charge
« par eux de faire la mission l'année de leur jouissance
« dans ladite paroisse de Saint-Martin.

« Me Jean Alaux, prêtre, pourvu de la cure de Saint-
« Martin en 1733, somma et pria lesdits Révérends
« Pères de faire ladite mission au commencement de
« l'année 1734 ; mais attendu que les pauvres ne jouis-
« saient que de la moitié desdits revenus, on ne pouvait
« leur abandonner que cette moitié, ce qui ne fut pas
« capable de les tenter. Ledit sieur Alaux voulant pro-
« curer une mission à ses paroissiens, qui n'en avaient
« jamais eu, du moins de temps *mémorial*, s'adressa
« aux Révérends Pères de la doctrine chrétienne, qui
« la lui accordèrent gratis. Ladite mission fut faite par
« les Révérends Pères Lespinasse, Catugier et Duffor,
« commença le 24 janvier 1734 et finit le 21 février

« dudit an par l'arborement de la croix qui est à la
« place. Au commencement de l'année 1734, il y eut
« dans ladite paroisse une maladie qui, dans les deux
« premiers mois, fit mourir plus de trente personnes.
« Messieurs les Capitouls envoyèrent le 21 du mois de
« février messire Orcival, médecin, et MM. Carrière et
« Baïon, chirurgiens, pour examiner ladite maladie,
« qu'on soupçonnait contagieuse ; mais elle fut reconnue
« pour une fièvre putride remplie de corruption qui en-
« levait les gens le cinquième jour pour l'ordinaire, et
« il fut ordonné qu'il ne fallait pas épuiser les malades
« par de fréquentes saignées, mais leur donner beau-
« coup de lavages, ce qui réussit. Il fut fait des prières
« publiques, et le 22 février nous fîmes une procession
« publique en chantant les litanies des saints, et au
« retour une grand'messe en l'honneur de saint Roch,
« avec les prières convenables pour demander au Sei-
« gneur la cessation de ce fléau. Ainsi le certifie moi
« susdit curé. « ALAUX. »

« Le 19 du mois de juin de la même année 1734, la
« paroisse de Saint-Marin fut affligée d'une grêle qui
« emporta tous les fruits, tant grains que raisins, à
« prendre du chemin de Toulouse à Colomiers, du côté
« de septentrion. Le côté du midi ne fut pas si mal-
« traité. »

Le 27 août 1736, M. Alaux eut pour successeur le sieur
Peyréga, bachelier de l'Université de Toulouse, originaire du diocèse de Comminges et, précédemment, curé
de Castelmaurou et de l'annexe de Rouffiac depuis le
19 décembre 1717. Ce prêtre, âgé et malade, était mal
disposé pour l'exercice de son ministère. Il refusa d'abord
de payer à l'église la rente de *10 livres* qu'il devait en
vertu du testament de M. Labadens son prédécesseur
pour la jouissance de la maison curiale. Il fut assigné

devant le Sénéchal, le 2 avril 1740, à la requête de Raymond Stabiellé, travailleur et de Pierre Rouy, forgeron, tous deux bailes de la table du Saint-Sacrement, pour avoir à payer la dite rente avec tous les arrérages.

Les archives départementales contiennent la relation de la visite faite à la paroisse par Monseigneur l'archevêque Charles Antoine de la Roche-Aymon, le 13 novembre 1745. On y lit que les fidèles demandèrent un vicaire, attendu que les heures des offices étaient mal réglées, les catéchismes mal faits, les malades peu visités et que la lampe du Saint-Sacrement brûlait rarement. D'après la même relation, Saint-Martin comptait alors 500 habitants dont 350 communiants environ. Tous les paroissiens avaient satisfait au devoir pascal. Les bénéfices de la cure étaient partagés avec l'archevêque par égales parts pour les grains ; un tiers du vin seulement appartenait au recteur et le reste à l'archevêque. Il y avait au centre du village un oratoire dédié à Notre-Dame de Pitié, bien couvert, bien fermé et bien pavé où on disait la messe certains jours de l'année ; un obit reconnu sur une terre appartenant au sieur Soye, prêtre du diocèse, était destiné à l'entretien de cet oratoire. L'existence de la confrérie de Saint-Martin est aussi relatée dans cette visite.

M. Peyréga envoya sa démission à l'archevêque le 27 juin 1749, prétextant son grand âge et une maladie qui l'empêchait de remplir toutes les fonctions curiales. Mais il n'eut pas le temps de se retirer ; il mourut trois jours après, à l'âge de 72 ans, et fut enterré le lendemain 1er juillet dans le sanctuaire, du côté de l'épître, en présence de tous les prêtres des paroisses voisines. Il avait eu pour vicaires les sieurs : Bonnecarrère en 1736, Dumont en 1738 et Agegé de 1746 à 1749.

M. Peyréga eut pour successeur M. François Roger, vicaire du Mas de Verdun, qui prit possession de la

cure le 10 juillet 1749 et fut accueilli avec une grande
satisfaction. Un an après son installation, le bruit qui
courut de sa retraite ou de son changement, motiva une
supplique à l'archevêque dont les termes témoignent
du bon esprit de la paroisse en ce moment :

« A vous, Monseigneur l'Archevêque de Toulouse,
« supplient humblement les habitants du lieu et paroisse
« de Saint-Martin-du-Touch, gardiage de Toulouse,
« disant que d'abord, après le décès de M. Jean Peyréga,
« curé du dit lieu de Saint-Martin, Votre Grandeur lui
« nomma un successeur en la personne de M. François
« Roger, prêtre ci-devant vicaire de la paroisse du Mas
« de Verdun dans votre diocèse. Les suppliants reçurent
« le nouveau pasteur que votre charité daigna leur
« envoyer avec les dispositions de respect et confiance
« qui sont dus à un choix tel que le vôtre. Ils ne furent
« pas trompés puisque le nouveau curé n'a cessé, depuis
« le premier jour auquel il a paru dans la paroisse, de
« faire ou de remplir tout ce qui peut contribuer au bien
« général et particulier de ses paroissiens. Le grand
« besoin qu'elle avait de jouir d'un curé savant, pieux
« et zélé pour le salut des âmes, le triste état dans lequel
« elle était depuis plusieurs années ainsi que Votre
« Grandeur en a été souvent informée, lui firent bientôt
« sentir que Dieu, dans sa miséricorde, leur avait en-
« voyé un ministre fidèle selon son cœur. Les secours
« spirituels et temporels qu'elle possède depuis environ
« un an lui ont rappelé la privation générale et l'indi-
« gence universelle dans laquelle elle avait été depuis
« bien des années. Le nouveau curé ne cesse de défri-
« cher la petite portion de votre diocèse qui était de-
« meurée inculte depuis si longtemps. Les catéchismes
« multipliés, les instructions redoublées, les malades
« souvent visités, les sacrements assidûment adminis-
« trés, le service divin fait avec exactitude, les vices

« réformés, les vertus déjà formées, les pauvres abon-
« damment secourus, ont fait apercevoir les suppliants
« que s'ils avaient été autrefois privés de tout, ils sont
« maintenant favorisés en tout : et c'est ce qui les déter-
« minait à rendre d'éternelles actions de grâces à
« Dieu, de vous avoir inspiré de leur donner un tel pas-
« teur. Mais comme ils sont maintenant informés que le
« dit M. Roger est à la veille de se retirer ou de passer
« dans une autre cure, ils ne peuvent s'empêcher de
« vous faire connaître la douleur et la vive peine que
« leur cause la perte dont ils sont menacés. Ils se flattent
« que Votre Grandeur daignera agréer les justes repré-
« sentations que leur reconnaissance même leur dicte.
« Il n'est pas de paroisse dans votre diocèse qui soit
« plus près de la ruine spirituelle et par là même plus
« digne de votre charité que la paroisse dont il est ici
« question. Il y avait apparence qu'elle serait remise
« dans sa meilleure vigueur ; mais quelques mois ne
« suffisent pas pour réparer les maux dont elle était
« depuis longtemps accablée. Ce considéré plaira de
« Vos Grâces, Monseigneur, ayant égard à la confiance
« des suppliants, ainsi qu'à leurs besoins, interposer
« votre autorité pour que le sieur Roger, curé, soit
« maintenu dans la dite cure de Saint-Martin-du-Touch,
« lui prohibant, si besoin est, de la quitter vu que le
« salut des âmes de cette paroisse exige de sa charité
« cette soumission à vos ordres. Les suppliants ne ces-
« seront d'offrir leurs vœux et leurs prières au Ciel pour
« la santé et la postérité de Votre Grandeur ». Rolland,
Figarède, Rouy, Fauré, Dantin, Rigaud.

Cette supplique fut entendue : M. Roger resta pour le
bonheur de la paroisse et répondit généreusement au
désir des fidèles. Il consolida l'influence du pasteur,
rendit la paix au troupeau et son administration fut
marquée par d'heureuses réformes. Il fixa d'abord l'or-

dre des cérémonies religieuses, les droits et les devoirs de chaque employé de l'église ; nous en avons un exemple dans le règlement du carillonneur qu'il formula par les articles suivants :

« 1° Il ne sonnera ni *finie*, ni neuvaine, ni bout d'an « qu'il n'ait parlé à Monsieur le curé ou à Monsieur « son vicaire sous peine d'être remercié.

« 2° Pour faire la tombe d'un petit enfant jusqu'à « l'âge de sept ans inclusivement, pour sonner la *finie* « et le glas durant l'enterrement, il ne pourra exiger « au delà de douze *sols* sans manger ni boire.

3° Pour faire la fosse d'un grand corps, pour sonner « la *finie*, le glas avant et pendant l'enterrement, le glas « le jour de la sortie, à l'angelus et le matin, le jour de « la neuvaine, sans manger ni boire, vingt-deux *sols*. « Et si l'on veut le faire sonner à la messe le jour de la « sortie ou le jour de la neuvaine, on l'avertira et on « conviendra avec lui ; et si on n'a pas convenu, on don- « nera douze *sols*.

« 4° Pour sonner la *finie* d'un confrère il ne pourra « exiger que cinq *sols*.

« 5° Pour le glas d'un *bout d'an*, le soir et le matin à « l'angelus, seulement 5 *sols* ; et si on veut qu'il sonne « pendant la messe on conviendra avec lui ; si on n'a pas « convenu, on lui donnera douze *sols* ».

Ce règlement offre peu d'intérêt ; mais il prouve que le nouveau curé, en rétablissant l'ordre dans la paroisse, ne négligeait aucun détail, et que l'usage de beaucoup carillonner pour les services funèbres existait déjà. M. Roger fit renouveler par devant Mᵉ Vidal, notaire à Toulouse, le 24 mai 1767, toutes les reconnaissances pré- cédemment consenties en faveur de l'église sur des im- meubles voisins ; il reconstitua sur de nouvelles bases en 1750, le Bureau des pauvres tombé en désuétude ;

il fit réparer en 1752 la chapelle de Saint-Joseph avec le produit d'une souscription où figuraient en tête les familles Doujat et de Lasplanes. Il fit aussi refondre la même année la cloche de la paroisse et la remplaça par une autre plus grande, grâce à la générosité de MM. les Capitouls et des lieutenants. Enfin, en 1753, il fit prolonger considérablement la nef de l'église, rebâtir le clocher et agrandir le presbytère pour le logement des vicaires. Cette grande activité de M. Roger avait provoqué une explosion de zèle chez ses paroissiens : on réservait au plus offrant l'honneur de porter aux processions les bannières, les pavillons ou le dais ; et cet honneur était, pour ce motif, chèrement payé quelquefois. Les *offertes* ou dons en nature arrivaient en abondance et se vendaient aux enchères tous les dimanches à l'issue des offices. La charité des fidèles fut particulièrement remarquable en 1766. Grâce aux ressources dont il put disposer, M. Roger renouvela les principaux ornements de l'église. Après avoir ainsi tout réglé, il exerça son sage ministère de recteur jusqu'au 31 décembre 1773, époque où il se retira à Toulouse, confiant sa chère paroisse à M. Jean Baptiste Roger, son neveu, qu'il avait auprès de lui comme vicaire depuis treize ans.

M. François Roger a laissé dans les livres de l'église une note intéressante sur l'hiver rigoureux de 1769-1770 : « Que cette année 1770, on a commencé la construction « du nouveau pont sur le Touch à Saint-Martin. Il a « glacé, neigé, fait des brouillards, pluies ou grêles, depuis le surlendemain de Saint-Michel de septembre de « l'année 1769 jusqu'au 2 juin 1770. Il y a eu dans les « mois d'avril et mai trois inondations presque sur toutes les rivières et ruisseaux ; la première fut si considérable qu'elle a causé un dommage inestimable depuis l'origine de Garonne jusqu'à la mer. Le reflux

« du Touch a monté au commencement du fossé du *pred*
« des Religieuses de la sortie du village. La récolte du
« blé a été assez abondante : les vignes ont beaucoup
« souffert de l'inconstance des saisons ; le vin qui n'avait
« valu que quatre à cinq *sols* le *péga*, se vendait com-
« munément douze *sols* vers la fin de septembre et seize
« *sols* ».

M. François Roger vécut jusqu'en 1780, et son
dernier acte solennel, qui fut son testament (du
9 avril 1779), donne la mesure de sa piété, de sa charité et de sa sollicitude pour les œuvres qu'il avait
dirigées.

Il légua aux pauvres de Saint-Martin un champ
de deux *mézeillades* et demie qu'il possédait sur la
paroisse, tous ses meubles, linge, batterie de cuisine et
vaisselle vinaire, avec réserve de la jouissance en
faveur de son neveu et successeur, à la condition qu'à
la mort de ce dernier tout serait vendu et le montant
distribué aux douze familles les plus pauvres de la
paroisse.

Il laissa à l'église un calice, les crémières et les cou-
verts en argent ; à la paroisse, une rente constituée au
capital de 5200 *livres* en trois titres différents, tout
l'argent monnayé et les billets de prêt qui étaient dans
son armoire. Il spécifia que lesdites rentes provenant
des sommes par lui données devraient être employées
à marier les filles pauvres de la paroisse, les plus sages
de préférence, jusqu'à concurrence de 50 *livres* pour
chacune, ou à donner un métier aux garçons pauvres
qui auraient des dispositions pour l'apprendre. Les
orphelins et orphelines devaient être toujours préférés.
En cas du non emploi des dites rentes, on devait les
garder et, dans une année de misère, comme en 1752
et 1778, soulager les malheureux en les habillant et
leur donnant du pain s'il n'y avait pas lieu de faire

ces œuvres de charité, on devait réserver les rentes pour augmenter le capital, en ayant soin de garder toujours un fonds disponible de 300 *livres*, au moins, pour les cas de première nécessité. Enfin, dans cette large distribution, il n'oublia pas non plus sa famille ; et il nous apprend, par ce testament, qu'il avait un frère du nom de Jean-Baptiste, ancien curé de Notre-Dame de la Croix, et quatre neveux également voués au sacerdoce, savoir : autre Jean-Baptiste Roger, curé de Saint-Martin ; autre François Roger, curé de Notre-Dame de la Croix ; Antoine-Benoît Roger, chanoine prébendé de Montauban ; et Jean-Martin Roger, vicaire de Saint-Martin. Il y avait, en outre, dans cette famille, une religieuse, Sœur Rose Roger.

Pour donner une dernière preuve d'attachement à ses anciens paroissiens, il voulut. être enterré à Saint-Martin, comme il ressort du procès-verbal suivant, inséré dans les registres de l'église :

« M. François Roger, ancien curé de cette paroisse, « recommandable par sa charité envers les pauvres, et « sa grande patience dans les douleurs affreuses qu'il « a ressenties dans sa longue maladie, décédé le « 19 août 1780, à l'âge de 68 ans 7 mois, a été enterré « avec toute la pompe convenable, le lendemain, 20, « par nous soussssigné, curé de Colomiers, en présence « des curés voisins. *Signé :* AUTHENAC. »

M. François Roger avait eu pour vicaires le sieur Agegé, qui fut nommé ensuite à Tournefeuille, les sieurs Fitte en 1754 et Abadie en 1755 et 1756. Il avait eu ensuite pour suppléants, jusqu'en 1761, les Religieux Récollets de Toulouse, parmi lesquels nous avons relevé les noms des Frères Ruppert, Tiburce, Damascène et Eloi.

On conçoit aisément qu'après un ministère si bien rempli le successeur de M. François Roger eût peu de changements à faire ; aussi M. Jean-Baptiste Roger, qui prit la direction de la paroisse le 1er janvier 1774, se borna-t-il à continuer les traditions de son oncle. A défaut d'autres préoccupations, il eut à soutenir un procès contre les Dames de Sainte-Claire qui lui réclamèrent la rente de cinq *sols*, reconnue par ses prédécesseurs sur le terrain où était bâti le presbytère, avec tous les arrérages. Cette affaire fut portée par les Religieuses devant le Sénéchal et ne fut liquidée qu'en 1788, après de nombreuses productions de mémoires et longues plaidoiries.

M. Jean-Baptiste Roger administra la paroisse jusqu'à la Révolution et se retira en refusant de prêter serment à la nouvelle Constitution. Le dernier acte portant sa signature est du 5 octobre 1790. Au moment de son départ, le revenu net de la cure était de 1385 *livres*, d'après un état détaillé qui est aux archives de la ville. Il avait eu pour vicaires les sieurs Jean-Martin Roger, son frère, jusqu'en 1779, Labadie de 1780 à 1785, Peyrefitte de 1785 à 1787 et Délibes en 1788 et 1789.

Pendant les mauvais jours de la Révolution, M. Jean-Baptiste Roger dut s'expatrier avec deux de ses frères, prêtres, pour échapper aux poursuites dont il était menacé. Ils purent gagner la frontière espagnole travestis en marchands, mais l'un d'eux fut assassiné pendant ce douloureux exil. M. Jean-Baptise Roger rentra en 1804 et alla établir sa résidence au Mas-Grenier, son pays natal.

Là, il vécut des revenus d'une petite métairie (*Las Picounes*) dont il était propriétaire et d'une modeste pension que lui alloua le gouvernement sur la fin de ses jours. Nanti des pouvoirs nécessaires, il s'employa à titre de prêtre délégué dans le service de cette paroisse, où il mourut le 9 septembre 1817, à l'âge de 86 ans. Nous avons été heureux de recueillir récemment ces pieux souvenirs, dans une honorable maison du Mas-Grenier avec laquelle il était parent.

Nous devons encore à la même famille Lafitte, la conservation du tombeau de M. Roger, qui est entouré de vénération et sur lequel on lit l'inscription suivante :

CI-GIT JEAN-BAPTISTE ROGER
PRÊTRE ANCIEN CURÉ DE LA
PAROISSE DE SAINT-MARTIN
DU TOUCH.
1817

Pendant la Révolution, l'église fut livrée au citoyen David-Jullian, prêtre assermenté, qui affecta un grand zèle pour se faire pardonner sa situation irrégulière. Il ne négligea pas non plus de faire la propagande en faveur des nouvelles idées. Nous avons eu sous les yeux des certificats de civisme délivrés au nom de la *Société des Jacobins de Saint-Martin du Touch*, et signés par lui comme président, et par le citoyen Antoine Laxan, secrétaire.

Nous avons trouvé la relation de la visite faite à l'église, le 11 novembre 1792 par le citoyen Antoine-Pascal-Hyacinthe Sermet, évêque constitutionnel de Toulouse et métropolitain du Sud, accompagné du citoyen Lacroix, vicaire épiscopal. On y remarque que les enfants étaient instruits avec soin de la religion, qu'il y avait dans la paroisse une confrérie composée de braves gens, dont les statuts étaient fort sages et approuvés par l'ordinaire. Le nombre des habitants était de 960, dont 550 communiants; il y avait un chirurgien, M. Laborde, et une sage-femme, Marie-Anne Cassé. A défaut de maître et maîtresse d'école, le curé avait la charité d'instruire les enfants. Ce dernier avait 27 ans et était en place depuis le 21 mai 1791; son vicaire, le citoyen Carpentier, âgé de 32 ans, avait été installé en même temps.

Après les jours néfastes, l'arrivée du dix-neuvième siècle rendit à la paroisse la paix et la tranquil-
lité. Dès l'an 1800, le culte divin fut rétabli selon les
anciens usages par M. Pierre-Jacques Rocous de
Saint-Amans, chanoine honoraire de Toulouse et nouveau curé. Le premier acte de baptême régulier porte
la signature du sieur Rieupeyrous, prêtre délégué, et
la date du 15 décembre. Quelques jours après, le 10 janvier 1801, M. Rocous de Saint-Amans entra définitivement en fonctions. Le pasteur n'eut pas de peine à
rassembler ses ouailles fatiguées d'agitations stériles
et péniblement préoccupées des malheurs occasionnés
par les guerres du Consulat et de l'Empire. Indulgent
envers les égarés de la veille, il tâcha de faire oublier
les discordes civiles et de rétablir entre ses paroissiens
l'union et la vraie fraternité, que seule la charité chrétienne peut assurer.

M. Rocous de Saint-Amans fit surtout de grands
efforts pendant son ministère pour ranimer la piété
chez ses paroissiens ; il reconstitua dans ce but plusieurs associations religieuses et notamment, en 1816,
l'antique confrérie de Saint-Martin qu'il fit enrichir
de nombreuses indulgences par le Souverain-Pontife.
Ce fut un de ses derniers actes.

Déjà atteint, en 1814, d'une grave maladie qui l'avait
obligé à se faire suppléer dans le service paroissial,
pendant six mois, par M. Delquié, prêtre délégué, il ne
s'était jamais entièrement remis. Le 4 décembre 1818,
il rendit son âme à Dieu et fut inhumé le lendemain
dans le cimetière de Saint-Martin, en présence de tous
les curés du voisinage et de ses paroissiens désolés.

Nous devons à la bienveillance de M. de Saint-Amans,
son petit-neveu, les renseignements suivants : M. le
curé Rocous de Saint-Amans était né le 29 juin 1744,
de Laurent de Rocous-Castanet, seigneur de Saint-

Amans et d'Is, ancien capitoul (en 1737), et de Dame Guillaumette de Berdoulat. Ordonné prêtre en 1767, il avait été d'abord vicaire du Fauga ; il fut envoyé ensuite à Vacquiers, où il resta vicaire environ 10 ans.

M. de Saint-Amans était docteur en théologie à la date de 1770, chanoine honoraire de Toulouse et titulaire d'un canonicat au chapitre de Saint-Julien de Brioude. En 1778, il avait été nommé aumônier de Philippe de Limbourg, duc de Sleswig-Holstein. Pendant la Terreur, il fut emprisonné avec son frère dans le couvent de la Visitation de Toulouse ; mais ils furent mis en liberté sur une pétition des habitants de Saint-Amans qui professaient, comme de nos jours encore, un culte de respectueux dévouement pour cette honorable famille.

M. Rocous de Saint-Amans fut remplacé le 2 février 1819 par M. Jean-Pierre-Catherine Pratviel, prêtre timide et très pieux qui était né à Toulouse le 7 avril 1751, de Pierre Pratviel, homme de loi, et de Thérèse Teulade. Il fut d'abord vicaire à Saint-Nicolas, de 1782 à 1791 ; nous le trouvons plus tard sur la liste des émigrés. Après le rétablissement du culte, il fut nommé en 1803 curé de Bouloc, où il resta jusqu'en 1808 ; il devint ensuite curé de Layrac, près Villemur, de 1808 à 1818. Le ministère qu'il remplit à Saint-Martin fut de courte durée et n'offrit rien de particulier. Après avoir édifié la paroisse pendant cinq ans, il se retira à Toulouse le 18 mai 1824 et y mourut le 7 mars 1827 dans la rue du Taur, 60.

M. Pratviel eut pour successeur un prêtre de grand caractère, M. Jean-Baptiste Escouboué, originaire de Bonrepeaux, près Saint-Lys. Né le 22 juin 1759, de Bernard Escouboué et de Bertrande Campistron, petits propriétaires, il fit ses études à Toulouse chez les Doctrinaires de l'Esquile. Sitôt ordonné, il fut nommé vicaire à Saint-Julia, doyenné de Revel; il fut envoyé plus tard à Montjoire, où il se trouva au moment de la Révolution. M. Escouboué ne quitta jamais cette contrée, même pendant la Terreur, se cachant à Toulouse, Rabastens (Tarn) ou Montjoire. Pourtant, il ne fut jamais arrêté, grâce à son sang-froid, son habileté et ses nombreux amis. Un jour, au moment où il célébrait la messe à Montjoire devant une nombreuse assistance, une rumeur s'éleva soudain dans l'église : c'était la force armée qui venait surprendre M. Escouboué pendant le Saint Office. Prévenu à temps, il se réfugia à la sacristie, où il revêtit à la hâte le costume d'un brave paysan et se glissa dans la foule. Aussitôt le maire, M. Bezombes, qui le protégeait, fit évacuer l'église sous prétexte de se saisir plus facilement du prêtre; mais celui-ci sortit à travers les assistants sans être reconnu et fut heureusement sauvé. Nous devons ajouter, à l'honneur de la famille Bezombes, que le maire et son épouse furent arrêtés pour ce fait comme complices et traduits devant le tribunal révolutionnaire.

M. Escouboué fut nommé, après la Révolution, vicaire de Saint-Pierre à Toulouse, où il était encore en 1811 ; ensuite, il resta quelque temps prêtre libre, passant une grande partie de son temps à Montjoire chez son frère, notaire, qui avait pris la succession de M. Bezombes, son ami et ancien protecteur. L'union entre ces deux familles avait été cimentée d'ailleurs par le mariage du notaire Escouboué avec une parente de M. Bezombes. Nous tenons tous ces précieux détails de M. Escouboué de Montjoire, digne héritier du nom et des qualités de notre vénérable recteur.

M. Escouboué prit possession de la cure de Saint-Martin le 22 juin 1824. Le souvenir des maux qu'il avait soufferts pendant la Révolution éveillait en lui une extrême sensibilité, qu'il traduisait quelquefois en termes énergiques. Il avait eu le bonheur de conserver intactes deux grandes vertus qui n'étaient pas encore rares de son temps : la foi religieuse et la fidélité à ses convictions ; et si on peut lui reprocher quelques sorties un peu violentes, il en fut toujours excusé à cause de sa franchise.

Deux événements malheureux qui arrivèrent dans la paroisse mirent en évidence son bon cœur et sa grandeur d'âme. En ce temps-là, l'école d'artillerie de Toulouse faisait chaque année l'essai des nouvelles pièces dans la plaine de Saint-Martin. Or, le 7 septembre 1827, un mortier ayant fait explosion à sept heures du matin, deux soldats furent tués et plusieurs autres grièvement blessés. On vit alors M. Escouboué organiser les secours et se dépenser généreusement pour prodiguer des soins et des consolations à tous ces malheureux.

Il était d'usage, à l'occasion de ces épreuves de tir, de cantonner au moins une semaine les artilleurs dans le village, et M. Escouboué se faisait chaque fois un plaisir de prendre à sa charge les officiers. Un jour, après l'exercice, un soldat, en état d'ivresse, s'étant oublié jusqu'à frapper brutalement un de ses chefs, avait été écroué et était destiné à passer en conseil de guerre. Il fut question de cette affaire le soir au presbytère, pendant le dîner, et chacun commentait froidement les articles du Code militaire à appliquer. La peine devait être sévère, quand M. Escouboué, intervenant dans la conversation et n'écoutant que sa charité, supplia ses convives de ne pas porter leur plainte au rapport du lendemain. Ces messieurs demeurèrent inflexibles devant les prières du prêtre et voulurent se retirer pour se soustraire à ses sollicitations importunes. A ce moment, le vénérable vieillard, tombant à genoux devant eux, se mit en travers de la porte pour leur barrer le passage. Emus et déconcertés par cette défense désespérée, les officiers voulurent le relever ; mais M. Escouboué ne leur rendit la liberté qu'après avoir reçu la promesse formelle et sur l'honneur que le soldat, d'ailleurs très repentant, ne serait pas jugé. Ce bon pasteur ne resta que neuf ans dans la paroisse, mais il y fit beaucoup de bien ; il mourut le 25 avril 1833.

Avant de parler du ministère de M. Jean-Bernard-Grégoire de Sède, qui a été jusqu'à présent le plus long et le plus fécond, il est juste d'annoncer que ce prêtre, venant après M. Escouboué, fut bien l'élu de la Providence. M. de Sède était né à Liéoux, diocèse de Comminges, en 1796, de Jean-Baptiste-Théodose de Sède, baron de Liéoux et de dame Jacquette-Thérèse de Vignes. M. de Sède descendait d'une grande famille qui a eu d'illustres représentants dans la magistrature et dans l'armée, et dont le berceau est le charmant village de Liéoux, situé à 7 kilomètres au nord de Saint-Gaudens. La famille de Sède était alliée à la maison de Faudoas de Barbazan, à celle de Fourquevaux de Pavie et deux fois à la famille de Vignes de Colomiers : Jérôme de Vignes, conseiller au Parlement, avait épousé demoiselle Marie de Sède en 1748 et Jean-Baptiste-Théodose de Sède, à la fin du dix-huitième siècle demoiselle Jacquette-Thérèse de Vignes. Dans les temps plus reculés, nous avons trouvé comme aïeux : Jean-Gaston de Sède, qui fut capitoul en 1658 ; Laurent de Sède, co-seigneur de Colomiers, capitoul en 1691 et Jean-Pierre-Clément de Sède, baron de Liéoux, qui assista à l'assemblée générale de la noblesse du Comminges à Muret en 1789. Ce dernier eut deux fils : Jean-Baptiste-Théodose, qui naquit en 1775 et mourut à Liéoux le 19 novembre 1854, et Paul Jean-Marie de Sède, qui naquit le 25 mars et mourut à Saint-Gaudens le 4 mars 1858. Ce second fils était chef d'escadron en retraite, officier de la légion d'honneur, chevalier de Saint-Louis et de Saint-Ferdinand d'Espagne. Il avait servi sous l'Empire et sous la Restauration et avait épousé Marie-Aimée-Lucrèce-Victoire d'Oniol. Nous aurions bien voulu faire connaître tous les descendants de cette branche cadette ; mais les proportions limitées de notre ouvrage nous en empêchent. Nous nous contenterons de citer le plus marquant, M. Gustave de Sède, qui a joué dans ces derniers temps un grand rôle dans le Pas-de-Calais. Homme supérieur par l'intelligence et par le cœur, il avait acquis comme littérateur et journaliste une grande influence dans ce pays.

L'énumération détaillée de ses travaux et de ses mérites est consignée dans une notice biographique qui a été présentée après sa mort à l'Académie littéraire d'Arras, par un de ses amis M. Adolphe de Cardevacque. Quant à la branche aînée, elle s'est éteinte avec notre excellent curé. M. de Sède était aussi petit-neveu de M. de Fontanes grand-maître de l'Université de France, et sous ce puissant patronage, il avait fait de bonnes études à Paris. Admis à l'école polytechnique, il en sortit officier d'artillerie : mais à la suite d'une grave déception, il quitta bientôt la carrière militaire pour entrer dans les ordres. Après avoir fait ses classes de théologie au grand séminaire de Toulouse, il fut ordonné prêtre en 1826 et nommé immédiatement vicaire à Notre-Dame du Taur. En 1833, il fut appelé par la confiance de Monseigneur l'Archevêque d'Astros à la cure de Saint-Martin, où il était déjà connu et pour ainsi dire acclimaté d'avance, étant originaire de Colomiers par sa mère. Il fut présenté à la paroisse le 12 mai 1833 par son excellent ami M. l'abbé Salvan, d'illustre mémoire. Dès le premier jour, la sympathie générale lui fut acquise, la vive émotion qui gagna l'assistance le jour de son installation solennelle en fut le meilleur témoignage. Au reste tout lui vint à souhait pour favoriser son apostolat. Un généreux bienfaiteur, M. Jean-Baptiste Comère, qui mourut le 17 novembre 1835, laissa les fonds nécessaires pour une grande mission que M. de Sède s'empressa de faire donner à ses paroissiens l'année suivante. Cette mission fut prêchée par les RR. PP. Barthier et Grandmaison, prêtres de la maison du Calvaire de Toulouse, qui obtinrent un plein succès ; il n'y eut que trois personnes qui ne la gagnèrent pas. Après cette belle préparation, le nouveau curé put, grâce à sa vigilance et à son énergie, conserver la dévotion et le respect des choses saintes chez ses paroissiens jusqu'à la fin de sa carrière. Il ne dédaignait pas non plus, en bon père de famille, de venir au secours de ses fidèles par de sages conseils, pour le règlement de leurs affaires temporelles.

Il sut ainsi gagner leur entière confiance ; mais il réserva sa plus grande sollicitude pour la direction des consciences. Deux grandes œuvres furent accomplies sous son ministère, qui témoignent du souci qu'il avait du salut des âmes : la reconstruction de l'église et la fondation de l'école des filles de la Croix. La construction de notre magnifique église fut celle qui lui donna le plus de mal ; il dut d'abord solliciter l'intervention du conseil municipal, qui vota cependant de bonne grâce une première allocation ; mais il fallut plusieurs fois revenir à la charge, implorer la charité des fidèles et enfin se sacrifier personnellement pour terminer cette œuvre. Nous sommes heureux de pouvoir insérer dans ce volume, à titre d'ornement et de souvenir, l'inscription gravée sur la première pierre de la nouvelle église.

Pendant trois ans, les offices religieux furent faits péniblement dans une grange du château de M. Doujat. Pour prouver avec quel intérêt les gens sérieux suivaient la reconstruction de l'église, nous reproduisons textuellement une série de notes trouvées dans un vieux carnet de l'époque, appartenant à M. Jean Bessières :

« 7 juin 1847 commencement de la démolition de l'an-
« cien clocher ; 13 août, pose de la première pierre du
« nouveau ; 10 novembre 1849, achèvement du clocher ;
« 4 décembre, à neuf heures du matin, plantation de la
« croix ; 26 avril 1850, dégagement complet du clocher ;
« 5 septembre, consécration de l'église. »

Cette dernière cérémonie, présidée par Monseigneur
Mioland, se fit avec une pompe extraordinaire ; elle fut
honorée de la présence des autorités de la ville de Toulouse et d'une brillante société qui se fit un devoir de
les accompagner. Mais l'édifice, une fois terminé, plusieurs choses essentielles n'étaient plus en rapport avec
son éclatante fraîcheur ; M. de Sède dut renouveler le
chemin de la Croix, la chaire à prêcher et le carillon qui
laissaient beaucoup à désirer. Les nouvelles cloches
furent baptisées en deux fois très solennellement, savoir :
les deux premières, le 20 octobre 1850 et la grande
cloche, le 6 novembre 1853.

Malgré les dépenses extraordinaires occasionnées
par ces diverses opérations, M. de Sède, dans son zèle
apostolique, trouva encore les ressources suffisantes
pour fonder l'école gratuite des filles de la Croix. Devenu
baron de Liéoux, après la mort de son père, il vendit le
château et les terres de cette ancienne seigneurie pour
acheter la maison et le mobilier des institutrices religieuses et pour leur assurer l'existence. Il en eût coûté
beaucoup, dans un autre temps, à sa fierté de gen-
tilhomme de consentir à ce sacrifice ; mais il le fit généreusement selon le précepte du Maître : « *Vendez tout
ce que vous avez et suivez moi.* » Il se dépouilla tellement, qu'un jour, après une grave maladie, étant réduit
à son dernier sou, il dut tendre la main à ses amis pour
se procurer le nécessaire. Nous considérons comme un
devoir de rappeler les privations et les peines que
M. de Sède endura pour le bien de la paroisse ; les

méchants et les ingrats pourraient seuls les oublier.

Malgré toutes ses souffrances, M. de Sède eut de grandes consolations durant son ministère. En 1854, après la proclamation du dogme de l'Immaculée Conception par le souverain-Pontife, il célébra avec une fervente dévotion les fêtes qui eurent lieu à cette occasion. Dans la même année, fut décrétée la béatification de sainte Germaine. Le diocèse de Toulouse reçut avec bonheur cette nouvelle décision et manifesta sa joie par de brillantes solennités. Pour témoigner son extrême confiance à la pieuse bergère, M. de Sède inaugura un pèlerinage paroissial à Pibrac et le renouvela tous les ans jusqu'à sa mort, le jour du Saint-Rosaire. Enfin, comme couronnement à ce saint ministère, il prépara la paroisse, en 1862, par une retraite qui fut prèchée par le P. Conrad, religieux franciscain, à la première fête de l'Adoration perpétuelle, instituée depuis peu dans le diocèse. Il était heureux à la pensée de ce nouveau triomphe de l'Eucharistie ; et pour assurer à cette solennité tout l'éclat possible, il avait invité Monseigneur l'Archevêque à donner la confirmation le même jour. Mais surpris par la maladie, il ne put assister à cette belle fête, qui eut lieu le 4 décembre 1862. Etendu sur sa couche mortelle, M. de Sède reçut Monseigneur l'Archevêque et recueillit de sa bouche, au milieu de ses grandes douleurs, les suprêmes consolations. Il mourut en effet le 11 décembre, entouré de l'amour et de la vénération de ses paroissiens, qui portèrent son deuil pendant un an ; il n'y eut, à cette occasion, aucune réjouissance au carnaval ni à la fête locale.

Dans les dernières années de son ministère, M. de Sède, se sentant très fatigué, avait demandé un vicaire. Monseigneur l'Archevêque lui donna, en 1859, M. l'abbé Soum qui est aujourd'hui curé-doyen de Lanta ; et en 1860, M. l'abbé Lagèze, mort curé-doyen de Cadours en 1898.

Sur une terre si bien préparée, M. l'abbé Gay, qui succéda à M. de Sède, ne pouvait recueillir que d'abondantes moissons. M. Eugène-Jean-Martial Gay, né à Villemur le 13 avril 1821, avait été vicaire 19 ans à Saint-Exupère de Toulouse; il arriva à Saint-Martin à l'âge mûr et bien disposé pour la mission pastorale; il fut installé solennellement le 4 janvier 1863. Plein de zèle pour la maison de Dieu, il continua d'abord les réformes matérielles commencés par M. de Sède. Il fit renouveler la plupart des ornements peu appropriés à l'éclat des grandes cérémonies qu'il aimait beaucoup; il fit construire un magnifique vestiaire pour les contenir et, à l'aide d'une généreuse souscription, il put installer un bel orgue complément indispensable des solennités religieuses. M. Gay eut un soin particulier de tout ce qui pouvait entretenir la piété parmi les fidèles et exciter leur ferveur; il institua la congrégation des Enfants de Marie, dans laquelle il eut le bonheur de compter presque toutes les jeunes filles de la paroisse. En 1866, M. Gay obtint de la ville de Toulouse la fondation d'un nouveau cimetière; il eut le temps de le bénir et de faire transporter solennellement les restes de M. de Sède dans un caveau qu'il avait fait construire pour les prêtres. Enfin, il était sur le point de doter la paroisse d'un presbytère communal, lorsqu'il fut nommé au commencement de 1867, à la cure décanale de Montastruc; il est depuis longtemps archiprêtre de Muret.

M. Gay fut remplacé par un prêtre d'un autre tempérament, M. Alcide-Michel Destrem chanoine honoraire d'Ajaccio. Il était né à Béziers le 29 septembre 1813, de M. Louis Destrem, employé des droits réunis et de demoiselle Marie Destrem.

Après de brillantes études au séminaire de l'Esquile, il devint vicaire de Saint-Exupère et plus tard de Notre-

Dame de la Daurade. Il manifesta de bonne heure un goût particulier pour la chaire et il quitta le ministère pour prêcher, pendant douze ans, de grandes stations dans les principales villes de France. Mais atteint subitement d'une affection du larynx, il fut obligé de rentrer dans le service paroissial qui n'était pas sa vraie vocation. M. Destrem fit ses premiers essais comme curé à Bruguières, et c'est de là qu'il vint à Saint-Martin sans enthousiasme. Doué d'un esprit cultivé et peu ordinaire, il ne fut pas apprécié en proportion de ses talents ; il eût mieux réussi dans une maison religieuse, s'il avait pu subir une direction.

Le souvenir de ses succès oratoires le troublait quelquefois ; aussi éprouva-t-il de grandes déceptions sur la fin de sa carrière. Quoique profondément instruit et de mœurs irréprochables, il ne fut pas heureux durant les cent mois qu'il passa à Saint-Martin. Il se retira fatigué et découragé dans sa maison de Toulouse, petite rue Nazareth, 3, en juin 1875, conservant le titre et les bénéfices de la cure de Saint-Martin. M. Destrem mourut le 10 mars 1879 ; il a laissé plusieurs ouvrages et notamment une traduction des Saints Evangiles, un modèle de la Vierge chrétienne et de nombreux manuscrits.

L'administration diocésaine confia pendant plusieurs années la régence de la paroisse à M. Lucien-Mathieu Méda, originaire de Saint-Girons et ancien vicaire de Lalande ; il fut nommé curé de Saint-Martin à la mort de M. Destrem et solennellement installé le 15 mars 1879.

Pour compléter l'histoire de l'église, nous allons donner la liste des économes des biens des pauvres et des marguilliers, à partir de la fondation du Bureau de Charité, en 1715.

Économes des biens des pauvres.

	1er baile.	*1er dizenier.*
1715-1719	Jean DELAUX,	Jean ROLLAND,
1720	Pierre LATOUR,	id.
1721	François BERGÉ,	id.
1722	Jean LAXAN (Jeune),	id.
1723	François BERGÉ (vieux),	id.
1724	Jean GRIMAUD,	id.
1625	Jean GRIMAUD (jeune),	id.
1726-1727	Antoine TOULOUSE,	id.
1728-1729	Jammet DURANTOU,	id.
1730	Jean DELAUX,	id.
1731	Arnaud BERGÉ,	ld.
1732	Jean LAXAN (jeune),	id.
1733	Vital LOUBET,	id.
	Jean GRIMAUD,	
1734	Jean TOULOUSE (jeune),	id.
1735	François AMIEL,	id.
1736	François DÉNEMIX,	id.
1740	Jean RIQUET,	id.
	Jean DÉNEMIX.	

En 1746, Raymond Stabielle et Pierre Rouy, bailes de la table du Saint-Sacrement, firent seuls la distribution des aumônes.

En 1750, le Bureau de Charité fut reconstitué sur de nouvelles bases et composé exclusivement des marguilliers de l'église, au choix du curé. Furent nommés :

1750 Jean DELAUX,	Antoine TOULOUSE,	Étienne LAFONT.
1751 Jean FIGARÈDE,	Germain LAFITE,	Jean FAURÉ.
1753 François LOUBET,	François LAXAN,	Pierre FOURMENT.

1754 Bernard LAGASSE, Michel LAXAN, Vital DÉLIBES.
1755 Antoine DELAUX, Jean LAXAN, Pierre LOUBET.
1756 Jean DELAUX, Jean LOUBET, Pierre DANTIN.
1758 Pierre LOUBET, Antoine DELAUX, Vital DÉLIBES.
1759 Joseph BESSIÈRES, Guillaume FAURÉ, Guillaume DURANTOU.
1760 Bernard GRIMAUD, Pierre JOLIBERT, Pierre DUCLERC.
1761 Blaise VIGNAUX, Jean FAURÉ, François DÉNEMIX.
1763 Pierre DANTIN, Antoine DELAUX, Jean CAPERAN,
1764 Nicolas DUCLERC, Jean DÉNEMIX, Pierre ROLLAND.
1766 Jean DAUBERT, Pierre DÉNEMIX, Jean RIQUET.
1767 Jean FIGARÈDE, Guillaume FAURÉ, Jean DAUBERT.
1768 Antoine TOULOUSE, Jean LACOSTE, Guillaume LAFONT
1760 Jean CAMPISTRON, Guillaume ROUDOULÈS Jean LAXAN.
1770 Etienne LAFONT, Jean FAURÉ, Antoine RIQUET.
1771 François LOUBET, Bernard LAGASSE, Jean TOULOUSE.
1772 Jean LAXAN, Joseph CASSAIGNE, Jean GRIMAUD,
1773 Jean LOUBET, Antoine DELAUX, Pierre DUFAUD,
1774 Jean FAURÉ, Barthélémy REVÉLY, Antoine LAXAN.
1775 Bernard LAGASSE, Guillaume LAFONT Jammet DURANTOU.
1776 Pierre JOLIBERT, Antoine RIQUET, Pierre TRANTOUL.
1777 Antoine DELAUX, Antoine RIQUET, Pierre GRIMAUD.
1778 Jean FAURÉ, Pierre DÉNEMIX, Pierre CLAVÉ.
1779 François DELAUX, Jacques ROUY, Joseph DUFAUD.
1781 Jean FAURÉ, Antoine LAXAN, Pierre CAPERAN.
1782 Joseph CASSAGNE, Pierre MARIGNAC, Antoine LAXAN.
1783 Joseph CASSAGNE, Charles GRIMAUD, François LOUBET.
1785 Jammet DURANTOU, Pierre DÉNEMIX, Jean GRIMAUD.
1786 Etienne LAFONT, Arnaud DÉNEMIX, Pierre FAURÉ.
1788 Jean DUCLERC, Jacques FIGARÈDE, Raymond MARIGNAC.
1789 Pierre ROLLAND, Etienne FOURMENT, Arnaud DALIÉS.

A partir de ce moment, les marguilliers furent nommés à la pluralité des voix, comme il suit :

1790 Antoine VIGNAUX, Bernard LAFONT, Jean TOULOUSE.
1791 Jean DURANTOU, Jean TOULOUSE, Jean CAPERAN.

Le 2 février 1793, le sieur Antoine Laxan fut nommé syndic et trésorier de l'œuvre, et chargé de tous les registres du Bureau de Charité. On lui avait adjoint deux commissaires pour le Bureau des pauvres, Etienne Fourment et Joseph Dufaud, et deux officiers municipaux pour le Bureau de l'œuvre, le citoyen Bezombes et Jacques Grimaud.

Depuis le premier Empire, l'administration des églises est confiée, en vertu d'un décret de 1809, à un conseil de fabrique, composé de cinq membres, au sein duquel on élit un bureau : un président, un secrétaire et un trésorier.

Nous n'avons pas trouvé trace de cette nouvelle organisation, à Saint-Martin, avant 1817. Il n'y eut d'abord que quatre marguilliers qui furent nommés le 23 juin, Nicolas Grimaud, Jean Dénemix, Antoine Bouville et Guillaume Rolland. MM. les curés ont été élus présidents jusqu'en 1877, époque où une nouvelle loi leur a interdit d'accepter cette charge.

Le 30 juin 1822, furent élus marguilliers : Antoine Soulié, Jean Fauré, Antoine Fourment et Guillaume Durantou.

Le 20 septembre 1829, Jean Grimaud, Jean Fauré, Pierre Rolland et Jean Dénemix.

En avril 1831, Raymond Dénemix à la place de Jean Fauré, démissionnaire.

Le 6 octobre 1833, le conseil de fabrique fut reconstitué avec Jean Grimaud, Jean Dénemix, Dominique Marqués, Raymond Dénemix et Pierre Rolland.

Le 5 octobre 1834, le Conseil fut complété par la nomination de deux marguilliers d'honneur, MM. Auguste de Naurois et Paulin de Malafosse.

Le 6 octobre 1850, Antoine Fourment fut élu à la place de Dominique Marqués, démissionnaire.

Le 6 juillet 1851, Jean Durantou (*Bayonne*), à la place de Pierre Rolland, démissionnaire.

Le 3 avril 1853, Jean Durantou (*Cacari*) et Jean-Jacques Grimaud, à la place de Jean Grimaud et Raymond Dénemix, démissionnaires.

Le 30 mars 1856, Jean Grimaud et Jean Délaux, à la place de Jean Durantou (*Cacari*), décédé, et de Jean Dénemix, démissionnaire.

Le 19 avril 1857, Salvy Figarède, à la place de Jean Durantou (*Bayonne*), démissionnaire.

Le 1er janvier 1871, Guillaume Trantoul et Pierre Lacombe, à la place de Jean Grimaud et Jean Delaux, démissionnaires.

Le 16 avril 1871, Jean Dispans, à la place d'Antoine Fourment, démissionnaire.

Le 6 octobre 1872, Joseph Toulouse, à la place de Jean-Jacques Grimaud, décédé.

En 1874, le conseil de fabrique tout entier ayant donné sa démission, sauf Salvy Figarède, on dut faire un renouvellement complet. Le 20 juin de cette année, un nouveau conseil fut installé : Salvy Figarède, Rigaud Antoine et Sévérat Jacques furent nommés en vertu d'une ordonnance de Monseigneur l'Archevêque du 2 juin ; Toulouse François et Bessières Etienne, par arrêté de M. le Préfet du 11 juin.

Le 5 janvier 1879, Pierre Loubet et Gabriel Griffou furent élus à la place de Salvy Figarède et d'Etienne Bessières, démissionnaires.

Le 20 avril 1884, Jean Dorbes, à la place de François Toulouse, démissionnaire.

Le 1er janvier 1888, Pierre Sévérat, à la place d'Antoine Rigaud, décédé.

Le 7 octobre 1894, Laurent Racaud, à la place de Gabriel Griffou, démissionnaire.

Le 12 avril 1896, Jean Gaspard, à la place de Pierre Sévérat, décédé.

Le 3 octobre 1897, Bertrand Durantou, à la place de Jean Dorbes, décédé.

A la fin de ce chapitre, nous allons passer en revue les institutions religieuses ou d'utilité publique qui ont été fondées ou encouragées par l'église.

Confrérie de Saint-Martin.

Cette confrérie, dont l'origine est inconnue, date au moins du seizième siècle, son existence est signalée dans la relation de la visite pastorale ordonnée par le cardinal de Joyeuse en 1596 et dans celle de Monseigneur de La Roche-Aymon, en 1748. Les livres d'église font mention pour la première fois de la *table* de Saint-Martin en 1587 et du nom des bailes qui en faisaient partie; on peut en suivre la trace depuis cette époque jusqu'à nos jours.

Nous tenons d'un de nos amis, M. Xavier Marqués, originaire de Saint-Martin et propriétaire aujourd'hui à Pradères, près Lévignac, les anciens statuts de la confrérie qui ont été soigneusement conservés dans sa famille.

Nous les reproduisons textuellement en langue vulgaire, tels qu'ils nous ont été communiqués.

En sec qu'es la taulo de mousur St-Martin patron de la Confrairia de St-Marti del Toch; et premiérement que quand y aura un corps, los bailles seront tengus de portar lo drap et la luminaria et la croux sen y a.

Item que sy aura aucun confraïré et confrayressa que vouldre recevre le corpus domini, lesdits bailles seran tengus de baillar deux torchas et las portar devant le corpus domini et en oura que syan mandats et requérits.

Item que sy a alcums confrairés et confrayressos de

mauvesa sorta, que syan jettas deforas le conseil et aprés monitious à elis faitos deforas la ditte confraria.

Item que si y avia alcun confraïré ho confrayressa qu'en sa sépultura n'auguesse per donner parada, los dits bailles seran tenguts de donnar un ardit per la parada al despens de la dite confraria als caperas de la ditte confréria, et que los dits caperas appellats no sy trouven que perdran lou dit ardit de parada et un ardit de lor boursa applicador à la ditte confraria.

Item que tous confraires et confrayressas le jour de Moussur Saint-Marti seran tengus de se trouvar à la processio et la messa et à vespras sur pena de payar se faillen à tout, une lieura de cera applicadora à la dite confraria per entretener la ditte luminaria.

Item que l'endema de Moussur Saint-Marti los bailles seran tenguts de far dire quatre messas, une hauta, les autres basses per tous les bienfactous tant vius que trespassas al despens de la ditte confraria et auran leur pagamen et de parada un ardit et qui faillira des dits caperas perdra un ardit et aussi la ditte parada de lor boursa applicador à la ditte confraria.

Item que se alcun confraïré ou confrayressa que demourara a paga lou dret de la ditte confraria deux ans sera rasut del libre, et le denunciar per nou plus estre counfraïré et nou aver part à la ditte confraïria pourvu que els tals sian estats premiurement monestats de pagar lou dret.

Item chacun confraire et confrayressa per los dits bailles auran la festa de Moussur Saint-Marti un torchon de cera al despens de la ditta confraria tant solomen per lo dit jour per portare à la processio et qui nou sy trouvera à la dite processio pagara un carton de cera applicadora. à la dita confraria per entretener la luminaria.

Item per lou premier an les dits confraïres ny con-

frayressas n'auran point de torchas al despens de la confraria.

Item que sy advenio qu'aucun ou degunes des parruquiés ou parruquiennes volgassen en maladie se jettar en la ditte confraria nou se pouyra qu'en pagan une liura tornessa premierement à lours propres despens.

Item que sy advenia quy augues un confraïre ou confrayressa que fusse trespassat d'aqueste monde à l'autre escommengat que la ditte confraria sera tenguda de l'adjudar à saillir d'aquelle sententia d'escommenge de la somma d'una liura tornesa. Se nou avie de que ne sortir, et que sero cas que fussa excommengeat per plus grande summa et que nou auguesse per ne sortir sera tenguda la ditte confraria de le jettar de la sententia d'escommenge de la summa tant que tocara de las messos que deuria aver lou jour de sa sepultura et se convertiran las dittes messas al trase de l'escommenge.

Item que lou jour qu'un confraire ou confrayressa ira de vita à trespas, aura quatre messas al despens de la ditte confraria seran appellats los caperas.

Item que los confraires ou confrayressas que intraran dors en avant en la ditte confraria pagaran d'intradas una doubla per personna et lou jour de Moussur Saint-Martin cinq deniers per entretener la ditte confraria, aussi faran sacramen de tenir et observar les dits statuts.

Item incontenent que lour séra declarat pér los bailles qu'un confraïré ou confrayressa es anat de vita à trespas, chacun de la ditte confraria sera tengut de pagar un ardit aux dits bailles per fa dire las dittes messas dessus expressiadas.

Item los dits bailles seran tenguts d'aver per boutar le nom et sobrenom des dits confraïrés et confrayressas.

Item seran tenguts al cap de l'an de rendre compte als autres bailles et de élégir d'autres que sian gens de bien.

Item les presens statuts seran observats de punt à punt per tots confraires et confrayressas et que vendra à l'encountra encourreran la pena de pagar une liura de cera applicadora à la ditte confraria per lou prèmier coup et per le second doublà applicadora comme dessus et se avenio que y tournesson tres cop al ters seran jettats hors la ditte confraria.

Item seran tenguts los dits bailles de par dire una messa toutes les mèses al despens de la ditte confraria.

M. Rocous de Saint-Amans, en rétablissant la Confrérie, l'an 1816, lui donna la règle d'une véritable congrégation religieuse et la fit enrichir de nombreuses indulgences par la cour de Rome.

On a conservé dans les archives de l'église, la copie de la supplique qui fut adressée à Monseigneur l'Archevêque de Toulouse à cette occasion. On y lit ce qui suit :

« MONSEIGNEUR,

« Il existait à Saint-Martin du Touch, depuis plus de
« cent ans, une confrérie aussi distinguée par le nom-
« bre de ceux qui la composaient que par leur zèle pour
« la religion.

« Ce vieux établissement ne pouvait survivre aux
« orages d'une révolution dont les traits semblaient
« être particulièrement dirigés contre la vraie doctrine
« et tout ce qui pouvait entretenir ou propager ses
« principes.

« Quelques habitants de Saint-Martin du Touch,
« aidés par l'exemple et les instructions du respectable
« pasteur de cette paroisse, ont conçu le projet de
« redonner l'existence à cette antique confrérie et de
« faire revivre, autant qu'il peut en dépendre d'eux,
« l'ancien éclat de cette pieuse réunion.

« Votre piété et vos vertus, Monseigneur, garantis-
« sent aux pétitionnaires le succès de leur demande.
« Ils soumettent à votre approbation le règlement
« qu'ils se proposent de donner à cette confrérie régé-
« nérée.

> « MONTET, GRIMAUD, MARIGNAC, TOULOUSE,
> « DURANTOU, DAUBERT, SOULIÉ, ROCOUS
> « DE SAINT-AMANS, curé. »

« Article premier. — La confrérie de Saint-Martin
« du Touch est une réunion de personnes qui veulent
« s'exciter mutuellement à la pratique de toutes les
« vertus chrétiennes et édifier le prochain.

« Art. 2. — Le bureau sera composé d'un président,
« d'un directeur, de deux bailes, d'un secrétaire et
« d'un trésorier.

« Art. 3. — Monsieur le Curé sera de droit directeur
« né de la confrérie.

« Art. 4. — Il faudra, pour être nommé membre du
« bureau, réunir les deux tiers des suffrages au scrutin
« secret.

« Art. 5. — Chaque premier dimanche d'octobre, il y
« aura une assemblée générale de tous les confrères
« pour nommer ou maintenir les membres du bureau
« dont les fonctions sont fixées à un an d'exercice.

« Art. 6. — Si quelqu'un des membres composant le
« bureau laissait sa place vacante par mort ou démis-
« sion, on convoquera une assemblée dans le courant
« du mois qui suivra la vacance pour remplacer le
« confrère mort ou démissionnaire.

« Art. 7. — Dans l'assemblée fixée au premier diman-
« che d'octobre, le trésorier rendra compte de l'état de
« la caisse, de sa recette, de sa dépense, justifiées par
« quittances, et du résidu s'il y en a, pour en charger

« le trésorier qui sera nommé à sa place. Cet état de
« caisse sera consigné dans une délibération.

« Art. 8. — Un individu qui voudra se faire recevoir,
« se fera proposer à l'assemblée par un des membres.

« L'élection se fera au scrutin secret et à la pluralité
« absolue des suffrages ; chaque réception sera consi-
« gnée dans le registre de la Confrérie.

« Art. 9. — Le candidat devra être pourvu de la
« preuve qu'il a déjà fait sa première communion ; et
« s'il est d'une autre paroisse que de celle de Saint-
« Martin, outre la preuve ci-dessus, il sera muni d'une
« attestation de son curé constatant sa bonne conduite
« et son exactitude à s'approcher du tribunal de la
« pénitence.

« Art. 10. — Il y aura une assemblée chaque pre-
« mier dimanche du mois, après vêpres, pour recevoir
« les propositions qu'on aurait à faire de candidats ;
« et on pourra, ou les recevoir dans la même séance,
« si c'est l'avis commun, ou renvoyer leur réception à
« la séance suivante, si cet avis est appuyé par deux
« membres.

« Art. 11. — Chaque individu, le jour de sa réception,
« remettra, au trésorier, un franc.

« Art. 12. — Chaque membre de la Confrérie remet-
« tra au trésorier, le premier jour de chaque trimestre,
« c'est-à-dire chaque premier janvier, avril, juillet et
« octobre, une somme de cinq *sols*.

« Art. 13. — Il y aura chaque mois, et au jour qui
« sera choisi par Monsieur le Curé, une grand'messe
« de morts, pour le repos de l'âme des confrères décé-
« dés.

« Art. 14. — Quand un confrère sera décédé on son-
« nera le grand glas et on chantera une messe le jour
« de son enterrement aux frais de la Confrérie, si la
« famille du décédé n'a pas le moyen de le faire. Tous

« les confrères qui pourront y assister seront invités à
« s'y rendre.

« Art. 15. — Dans la quinzaine qui suivra le décès
« d'un confrère, on fera dire quatre messes basses pour
« le repos de son âme.

« Art. 16. — Ces règlements pourront être modifiés
« suivant l'exigence des cas, mais seulement dans une
« assemblée générale et à la pluralité des suffrages.

« Vu et approuvé par nous le 8 février 1816.

† CLAUDE FRANÇOIS MARIE,
Archevêque de Toulouse.

Pour compléter nos documents sur la confrérie, nous
donnons ci-dessous la traduction de la bulle pontificale
du Pape Pie VII :

TRÈS-SAINT PÈRE,

« Jacques-Pierre de Rocous Saint-Amans, curé de
« l'église Saint-Martin-du-Touch, diocèse de Toulouse,
« prosterné aux pieds de Votre Sainteté, la supplie
« très humblement, qu'elle daigne lui accorder les in-
« dulgences accoutumées en faveur de la Confrérie de
« Saint-Martin de Tours, titulaire de son église, etc.....

« Le 22 janvier 1819,

« Le Très-Saint Père Pie VII a daigné accorder In-
« dulgence plénière à tous les confrères et confréresses
« de la dite dévote confrérie canoniquement érigée ou
« à ériger, qui s'étant confessés et dans un véritable état
« de pénitence seront reçus membres de la dite confré-
« rie, et qui le premier jour de leur réception auront
« reçu le Très-Saint-Sacrement de l'Eucharistie ; il a
« daigné également accorder Indulgence plénière à
« ceux qui se trouvant à l'article de la mort auront
« dévotement invoqué de cœur le très-saint Nom de

« Jésus, n'ayant pu l'invoquer de bouche. Il a daigné
« accorder la même Indulgence au jour où, d'après la
« permission de l'ordinaire, on célèbrera la fête princi-
« pale de la dite confrérie, dans la dite église, à com-
« mencer des premières vêpres jusqu'au coucher du
« soleil du même jour ; plus une indulgence de sept ans
« et autant de quarantaines aux quatre jours de fêtes
« de l'année, qui seront désignés une fois seulement
« par le même ordinaire, pourvu qu'ils soient disposés
« comme on l'a dit, qu'ils visitent la dite église et y
« fassent des prières ; et enfin Sa Sainteté accorde une
« Indulgence de soixante jours, pour toute œuvre pie
« que fera dévotement et avec un cœur contrit, chaque
« confrère et confréresse.

« Le présent devant valoir à perpétuité sans aucune
« expédition de Bref ; et même avec la faculté d'appli-
« quer au soulagement des fidèles décédés les indul-
« gences, soit plénières, soit partielles.

« Donné à Rome, à la secrétairerie de la Sainte Con-
« grégation des Indulgences.

B. CHARLES NARO,
Préfet.

ANGE COSTAGUTI,
Secrétaire.

« Les présentes seront publiées et exécutées en la
« forme accoutumée. A Toulouse, le 10 mars 1819.

CAMBON,
Vicaire-général.

Par Mandement :

PRÉPAUD,
Secrétaire.

« Pour gagner les indulgences, nous assignons quatre
« jours : celui de Noël, de Pâques, de Pentecôte et de
« Tous les Saints. — Toulouse, le 13 mars 1819.

CAMBON,
Vicaire-général.

DIOCÈSE DE TOULOUSE

DÉCRET

« Puisque ainsi qu'on l'a très humblement exposé,
« une dévote confrérie, sous le titre de Saint-Martin,
« dans l'église du même titre, au lieu appelé du Touch,
« diocèse de Toulouse, se trouve canoniquement érigée
« ou à ériger, sous cette disposition entre autres ou
« louable coutume que cette dévote confrérie, où chacun
« de ses confrères et confréresses, est dans l'usage de
« célébrer ou faire célébrer respectivement plusieurs
« messes, soit pour tous les confrères ou confréresses
« de cette confrérie décédés, soit pour confrère ou con-
« fréresse décédant, le Très-Saint Pontife Pie VII a
« daigné accorder que toutes et chacunes des messes
« célébrées à tel ou tel autre autel de la dite église,
« fussent aussi utiles au soulagement des défunts que
« si elles l'avaient été à un autel privilégié, nonobstant
« tout ce qui serait contraire aux présentes, qui devront
« valoir à perpétuité sans aucune expédition de Bref.
« Donné à Rome, à la Sécrétairerie de la Sainte Con-
« grégation des Indulgences, le 22 janvier 1819.

B. Charles Naro,
Préfet.

Ange Costaguti,
Secrétaire.

« Les présentes seront publiées et mises à exécution
« en la forme accoutumée. Toulouse, le 10 mars 1819.

Cambon,
Vicaire-général.

Par Mandement :

Prépaud,
Secrétaire.

Depuis 1816, la confrérie a été en grand honneur
dans la paroisse ; le soulagement des âmes de ses mem-

défunts, qui en est le principal objet, lui a valu un nombre considérable d'adhérents qui va toujours croissant.

Nous avons dressé ci-dessous le tableau des membres du bureau de la confrérie qui, à partir de cette époque, ont été chargés de l'administrer; conformément aux statuts, la présidence a toujours été dévolue à MM. les curés. Jusqu'en 1843, les fonctions de trésorier et de secrétaire ont été confondues et remplies par un seul délégué.

Bureau de la Confrérie.

	Trésorier.	Secrétaire.	1er baile.	2me baile.
1816	François Bélous.	—	Jean Grimaud,	Pierre Montet.
1817	id.	—	Jean Fauré,	Arnaud Vié.
1818	id.	—	id.	Guillaume Durantou,
1820	id.	—	Antoine Soulié,	Arnaud Figarède,
1823	id.	—	Raymond Dénemix,	Jean Saignan,
1824	Antoine Toulouse.	=	Pierre Dénemix,	Pierre Lacombe.
1825	id.	—	Jean Grimaud,	Jean Dénemix.
1826	Jacques Durantou.	—	Jean Fauré,	Pierre Marignac,
1827 (1)	François Bélous,	—	Pierre Durantou,	Antoine Montet.
1828	id.	—	Bertrand Dantin,	Charles Gélard.
1831	id.	—	Jean-Bte Loubet,	Arnaud Daillet.
1833	id.	—	Guillaume Rolland,	Raymond Dantin.
1836	id.	—	François Bélous, jne,	Etienne Daubert.
1838	id.	—	id.	Jean Fauré.
1839	id.	—	Jean Fauré,	Raymd Collongues.
1841	id.	—	Jean-Marc Guéry,	François Bélous, jne.

(1) La Confrérie fit cette année l'achat d'une cloche qui fut baptisée le 10 février 1828; Mme la baronne Doujat d'Empeaux en fut la marraine et M. Ruffat le parrain. Un jeune ecclésiastique, M. Bélaval, professeur de seconde au séminaire de l'Esquile, présida la cérémonie sur l'invitation du parrain, son ami. Ce prêtre est devenu vicaire-général de Toulouse et plus tard évêque de Pamiers.

	Trésorier.	*Secrétaire.*	*1er baile.*	*2me baile.*
1843	François Bélous,	Pierre Durantou,	Jean-Baptiste Loubet,	Jean-Jacques Grimaud.
1845	id.	id.	Jean Montet,	Guillaume Rolland.
1847	Pierre Durantou,	Antoine Soulié,	Salvy Figarède,	Jean Montet.
1849	id.	id.	Gabriel Montet,	Charles Lafforgue.
1851	id.	id.	Thomas Marignac,	Samson Dufaud.
1853	id.	id.	Blaise Dantin,	Jean Durantou.
1855	Jean Durantou,	Jean Montet,	François Bélous,	Antoine Guéry.
1857	id.	id.	Blaise Dantin,	Antoine Montet.
1859	id.	id.	Antoine Guéry,	François Bélous.
1861	id.	id.	Etienne Salères,	id.
1863	id.	Pierre Fourment,	Jean Montet,	Pierre Séverat.
1865	id.	id.	Etienne Bessières,	Pierre Arbus.
1867	id.	id.	Louis Martinet.	Antoine Camboulives.
1869	id.	id.	Joseph Toulouse,	Jean Rivière.
1871	id.	Joseph Toulouse,	Vital Chaumeton,	Louis Martinet.
1873	id.	Vital Chaumeton,	Louis Martinet,	Pierre Arbus.
1875	id.	id.	Jean Campistron,	Etienne Grimaud.
1877	id.	Guillaume Trantoul,	Jean Laforgue,	Jean Gaspard.
1879	id.	id.	id.	id.
1881	id.	id.	id.	id.
1883	Bertrand Durantou,	Pierre Dumaux,	Arnaud Fauré,	Jean Montet.
1885	id.	id.	id.	id.
1887	id.	id.	id.	id.
1889	id.	id.	id.	id.
1892	id.	id.	Laurent Racaud,	Louis Martinet.
1895	id.	Jean Nauzes,	id.	id.
1897	Antonin Rigaud,	id.	id.	Jean Martres.
1899	id.	id.	id.	id.

Bureau de Charité.

Le fondateur du Bureau de charité fut M⁰ Arnaud Darthez, prêtre libre de Saint-Martin, qui possédait une maison au centre du village et six arpents de terre au quartier de la Cassanette. Ce digne ecclésiastique avait aussi un logement à Toulouse, rue des Couteliers, où il passait les plus mauvais jours de l'hiver. Il mourut à Lias en 1715 dans la maison des frères Jean et Alexandre Carmeil ses cousins, léguant sa petite fortune à ses plus proches parents ; mais il institua ses principaux héritiers les pauvres de Saint-Martin-du-Touch et en particulier les malades faisant partie de la *confrérie de Charité*. Il leur laissa une rente foncière reconnue sur ses terres, de vingt *setiers* de blé environ et de quelques chapons à distribuer aux quatre grandes fêtes annuelles. Il ordonna que le Bureau chargé de cette distribution serait composé de M. le curé, du premier baile de la confrérie de Saint-Martin et du premier dizenier du *moulon* de l'église. M. Darthez donna en outre à la paroisse une somme capitale de douze cents *livres* dont les revenus devaient être employés pour établir en métier quelque pauvre orphelin ou aider à marier quelque pauvre fille ; il réserva néanmoins la jouissance de la moitié de toutes ces rentes en faveur des frères Carmeil, leur vie durant. (Acte retenu par M⁰ Dufour, notaire à Toulouse, du 9 octobre 1734.) Les frères Carmeil firent cession de leur moitié de jouissance aux pauvres de Saint-Martin moyennant la somme de trois cent cinq *livres* une fois payée. Il voulut aussi que chaque dix ans lesdits revenus fussent attribués aux religieux de Saint-Lazare de Toulouse, à la charge par eux de prêcher une mission dans la paroisse, l'année de leur jouissance, autour de la Toussaint. Il spécifia encore que les économes des biens des pauvres devraient donner le pain tout le long de l'an à quelque bon vieillard ou artisan du lieu ou d'ailleurs, sachant lire et écrire, qui voudrait enseigner les bons principes aux enfants deux fois le jour, et leur donner des leçons de lecture et d'écriture pendant les huit ou neuf mois que les enfants sont à charge à leurs maisons, invitant les prêtres de la paroisse à prendre cette peine. Tel fut ce généreux bienfaiteur que nous tenons à faire connaître, parce que c'est à lui que Saint-Martin doit la création de l'assistance publique et de la première école gratuite. Il avait désigné pour ses exécuteurs testamentaires M. le curé, M⁰ Gabriel Bonaventure, Doujat, conseiller au Parlement, et le R. P. François Capuron, supérieur des Lazaristes.

Le bureau de charité fut enrichi par les dons considérables faits par M. François Roger, curé de Saint-Martin, dans son testament que nous avons déjà fait connaître. Grâce aux libéralités de ce prêtre, le bureau fut entièrement réorganisé par M. Jean-Baptiste Roger, son neveu, et complété par l'adjonction d'un marguillier spécial chargé en même temps de l'oratoire de Notre-Dame de Pitié, ainsi que d'un quêteur pour recueillir les aumônes.

Le petit nombre de ces derniers employés nous permet de les citer tous. Furent élus marguilliers : Antoine Sicre, en 1779 ; Antoine Toulouse, en 1781 ; Jean Campistron, en 1783 ; Jean Toulouse, en 1785 ; Joseph Chaumeton, en 1788 ; Nicolas Bouville, en 1789 ; et, Jean Lafont, en 1790. Les quêteurs furent : Pierre Caperan, Joseph Abadie, boulanger, et Jean Grimaud dit *Massette*. Toutes ces ressources furent détruites par la Révolution, et ce ne fut qu'en 1867 que l'administration du bureau de bienfaisance de Toulouse fonda un nouveau comité de secours pour les indigents de la banlieue.

M. Prosper de Laporte, ingénieur en chef en retraite, fut le premier président, et c'est à lui que revient l'honneur de l'organisation des comités de Lardenne et de Saint-Martin réunis. Nous sommes heureux de rendre hommage à son bon souvenir, car il mit dans sa nouvelle tâche le même soin qu'à ses anciens travaux scientifiques; la reconnaissance des pauvres doit lui être à jamais acquise. M. de Laporte mourut le 16 février 1875 et fut remplacé par M. Léo Durrieu, ancien receveur de l'enregistrement, qui donna sa démission en 1877 pour cause de maladie. M. Auguste de Naurois lui succéda et mit le même empressement que ses prédécesseurs à s'acquitter de son devoir jusqu'à la fin de ses jours (9 octobre 1885).

La direction du comité fut ensuite confiée à M. Théodore de Sevin, son gendre, enlevé le 11 janvier 1890, par une mort prématurée, à l'affection de sa famille et de ses amis.

M. Emile Dubois occupe depuis cette époque la présidence de ce comité, qu'il administre avec zèle et dévouement.

Sociétés de secours mutuels.

Le premier projet de distribution de secours aux malades date de 1841. La proposition en fut faite à l'assemblée générale de la confrérie, le 10 octobre; mais elle fut ajournée pour divers motifs. On a préféré, plus tard, établir une association spéciale dont M. le curé de Sède fut le fondateur et le président en 1849.

La paroisse possède actuellement deux sociétés de de secours mutuels sous l'invocation de saint Martin, pape et de saint Martin, évêque. Il ne devait, en principe, y en avoir qu'une, puisqu'elles ont le même but ; mais un défaut d'entente sur certains articles du règlement, au moment de leur fondation, opéra une scission qui s'est maintenue jusqu'à présent. Ces Sociétés prirent naissance avec les idées généreuses de fraternité qu'enfanta la République aimable de 1848 et elles n'ont· pas cessé d'observer leur programme tout de charité, en secourant régulièrement leurs membres atteints par la maladie ou l'infirmité.

Instruction publique.

A Saint-Martin, comme dans toute la France, c'est l'Eglise qui commença à donner l'instruction aux enfants. Nous avons vu, dans les premiers temps, les prêtres s'occuper de cette œuvre ; et dans les visites épiscopales, tous les prélats la recommander fortement.

Avant la formation d'un personnel spécial, les curés ont eu toujours le soin d'enseigner à la jeunesse, non seulement les vérités de la religion, mais encore les connaissances profanes. Nous devons à l'obligeance d'un ancien instituteur de Saint-Martin, la liste des maîtres d'école dans l'ordre où ils se sont succédés dans la paroisse depuis le dix-huitième siècle ; nous la reproduisons telle qu'elle nous a été communiquée.

Instituteurs.

Vers 1780, un ancien séminariste, nommé Arnaud Figarède, donnait des leçons aux enfants ; on l'appelait aussi l'*Escholier*, surnom conservé par ses descendants de la famille Fauré. M. Arnaud Laborde dit *Bourdet*, qui mourut en 1815, était en même temps chirurgien et maître d'école.

M. Jean-Marie Linas était instituteur en 1818; il perdit une fille dans la paroisse à cette époque. M. Pierre Gandelat était instituteur à Saint-Martin en 1819; le registre de l'église fait mention du baptême d'une de ses filles à la date du 22 février de cette année.

M. Louis-Charles Guéry, maître d'école, originaire de Rouen, s'établit à Saint-Martin dans les premières années de la Restauration; il avait d'abord enseigné à Endoufielle (Gers).

Plein d'esprit et de bonne humeur, il embellissait sa classe de hors-d'œuvre charmants; ses élèves ont longtemps conservé le souvenir de ses proverbes et de ses contes normands. Il était marié à Dame Simone Andrieu, de laquelle il eut une nombreuse famille dont quelques descendants vivent encore. Il mourut le 2 avril 1837, cinq ans après son épouse.

M. Jean Valadier, décédé le 30 novembre 1829, à l'âge de 61 ans, au grand regret des habitants.

M. Auberdiac (Jean-Bernard-Dominique), né à Miremont (Haute-Garonne), le 4 août 1800, aurait passé quelque temps à Saint-Martin comme instituteur libre vers 1830, d'après une tradition.

M. Pierre Boyer était instituteur en 1836; il eut un fils à Saint-Martin le 31 janvier de cette année.

M. André-François Polier, originaire de Lautrec (Tarn), nommé le 30 décembre 1837 et décédé le 24 décembre 1859 à l'âge de 59 ans. C'était un homme instruit et dévoué qui rendit de nombreux services aux habitants de Saint-Martin, en dehors de ses devoirs professionnels.

M. Louis-Camille Alquier, nommé en 1859 et mort en retraite le 21 octobre 1884.

M. Léon Lajóus nommé en 1874 et décédé en fonctions le 11 novembre 1875.

M. Jean Firmin Sabathier nommé en 1875 et mort en retraite le 27 octobre 1897.

M. Martial-Grégoire-Etienne Mirabail nommé en 1884.

M. Alexandre Barthet, nommé en 1889.

M. Joseph Martinet, nommé en 1890 et décédé en fonctions le 2 février 1892, à l'âge de 35 ans.

M. Marie Bernard Uchenq, nommé en 1892.

Institutrices.

Demoiselle Colombe (Guillaumette Larrieu) morte le 7 octobre 1822, à l'âge de 54 ans, tenait une école mixte.

Madame Antoinette Polier, femme de l'instituteur de ce nom, dirigea une école de filles jusqu'en 1854.

A cette époque fut fondée par M. le curé de Sède, l'école gratuite des filles de la Croix.

Ont été nommées directrices de cette école : Sœur Uladomir, en 1855; sœur Romarie, en 1858; sœur Saint-Thierry, en 1865; sœur Romarie (2ᵉ fois), en 1871; sœur Marie Savinie, en 1885, sœur Rogatie, en 1886; sœur Marie Saint-Hilarion, en 1889, et sœur Marie-Hortense, en 1898.

Au moment des laïcisations, Mademoiselle Villa ouvrit la première école communale qu'elle dirigea de 1884 à 1889. Elle fut remplacée par Mademoiselle Sarraute qui resta à Saint-Martin jusqu'en 1891. Depuis lors, cette classe est faite par Mademoiselle Henry.

Service médical.

Saint-Martin, a été constamment pourvu de médecins grâce, sans doute, au voisinage de la célèbre faculté de Toulouse. Nous avons trouvé la preuve que depuis le dix-septième siècle, il y a eu, sans interruption des médecins établis dans le village. Le premier que nous avons découvert est Pierre Fronton, maître chirurgien, qui mourut le 1er mai 1680 à l'âge de 60 ans,

Il fut remplacé par François Lanapaban, qui mourut bientôt après (le 8 avril 1688) à l'âge de 27 ans.

Jean Fronton, neveu de Pierre Fronton, vint ensuite s'installer à Saint-Martin ; il eut une fille nommée Antoinette, le 11 décembre 1689, de son mariage avec Pierrette Boutelié.

Il n'y eut pas probablement d'autre médecin jusqu'à Pierre-Andrieu Manville, qui se maria à Saint-Martin, le 8 juin 1728 avec Antoinette Dalfis, et mourut à l'âge de 40 ans victime de l'épidémie de 1734, relatée par le curé Alaux.

Le 6 octobre 1748, mourut à Saint-Martin, le chirurgien Gaspard Bessières, âgé de 60 ans, qui avait une installation à Toulouse et donnait néammoins ses soins aux malades de la campagne.

Il est aussi question, dans nos annales, de Pierre Laulou, chirurgien de Saint-Cyprien, qui possédait deux petites vignes dans la paroisse en 1750.

Jacques Navar, maître-chirurgien, s'établit à Saint-Martin, avec son épouse Marie Bessey, entre 1760 et 1770. Il eut plusieurs enfants et mourut le 9 mai 1788 à l'âge de 48 ans. Il fut remplacé, à la fin de la même année, par Bernard Lécussan, chirurgien, originaire du Fousseret et marié à Charlotte-Bertrande Caubet. Ce dernier eut une fille en 1789 et resta très peu de temps à Saint-Martin.

La relation de la visite épiscopale faite le 11 novembre 1791, dit qu'il y avait un médecin dans la paroisse nommé Arnaud Laborde ; il était marié à Jeanne Taulet veuve de Bernard Bouville, décédé en 1790. Depuis lors, le nom de M. Laborde, est resté longtemps attaché au service médical de Saint-Martin ; celui que nous venons de citer fut, en effet, remplacé en 1815 par M. Pierre-

Clair Laborde, son frère, qui exerça la médecine à Saint-Martin jusqu'au 3 février 1858. Il perdit sa femme, Madeleine Lannes, le 5 juillet 1822 et il épousa en secondes noces Dame Julie Laporte de laquelle il eut deux filles et un fils M. Pierre-Michel Laborde. Ce dernier naquit à Saint Martin, le 25 août 1829 ; il jouit en ce moment d'une honorable retraite, comme ancien professeur de de l'Université et compte parmi nos amis les plus dévoués.

M. Laborde père qui était venu de Blagnac, vécut jusqu'à l'âge de quatre-vingt-huit ans.

Sur le livre des baptêmes, est enregistrée à la date du 9 novembre 1821 la naissance d'une fille de M. François Daugas, médecin à Saint-Martin et originaire de Montréjeau, qui mourut dans la paroisse le 10 septembre 1847.

Son successeur, le Docteur Alphonse Olzewski, d'origine polonaise, s'installa à Saint-Martin en 1848 et rentra dans sa patrie en 1859.

Vinrent ensuite s'établir dans l'ordre suivant :

M. Ramond en 1855 ;
M. le Docteur Cazeneuve, en 1858 ;
M. Fitère, en 1859 ;
M. Valadier, en 1860 ;
M. le Docteur Delaux, en 1862.

Nous n'avons trouvé que quatre sage-femmes ayant élu domicile à Saint-Martin : 1° Jeanne-Marie-Anne Cassé épouse Marignac, qui prêta serment le 11 novembre 1787, selon l'usage de ce temps ; 2° Jeanne Taulet, mariée à M. Arnaud Laborde médecin ; 3° Cécile Libaros, qui mourut le 5 juillet 1879 et 4° Dame Joséphine Dénemix née Ponsarnaud, décédée le 15 octobre 1897.

Sociétés musicales.

La première musique instrumentale fondée à Saint-Martin en 1848 sous la direction de M. Joseph Dangoumeau, fut de courte durée. Le défaut d'administration et la rivalité entre les principaux musiciens amenèrent sa ruine. Après avoir remplacé le premier directeur, par M. Edmond Sicres, elle se maintint avec peine pendant quatre ans environ.

Un chœur de chant, l'orphéon Saint-Louis, fondé en 1864 et dirigé par M. Guillaume Toulouse, eut une existence plus longue et plus brillante. Il prit part pendant vingt ans à de nombreux concours dans toute la région du midi de la France et eut de grand succès.

Cette société fut couronnée à Toulouse (en 1865); Muret (1866); Albi (1866); Foix (1866); Saint-Gaudens (1867); Pau (1870); Pamiers (1868 et 1876); Biarritz (1868); Auch (1872); Marseille (1873); et Vic-Bigorre (1874). Après avoir obtenu le premier prix en division supérieure, elle fut condamnée au repos.

Comme suite à l'orphéon Saint-Louis, M. Jean-Marie Toulouse, fils du précédent directeur, organisa en 1882 une fanfare qui n'eut pas un heureux sort; elle n'obtint qu'une seule médaille à Carcassonne en 1884. A peine établie elle fut désorganisée par le départ des principaux musiciens, pour le service militaire, et dut prendre de longues vacances. Ses fondateurs la reconstituèrent en 1895 sous le même nom, *Les enfants de Saint-Martin du Touch*, avec des éléments nouveaux et plus jeunes, sur la base d'une musique d'harmonie. Les premiers succès qu'elle a obtenus aux concours de Verfeil en 1896, l'Isle-en-Jourdain en 1897, et Carcassonne en 1899, sont d'un heureux présage.

Société de perfectionnement.

Enfin, pour terminer cette longue liste d'institutions locales, nous devons mentionner la société de perfectionnement établie le 7 février 1897 avec l'autorisation de M. le préfet de la Haute-Garonne, pour s'occuper de la protection des intérêts matériels du village, et de la moralisation des habitants.

Elle a déjà créé un nouveau chemin vicinal et fondé une bibliothèque et des conférences pratiques qui ont été très fréquentées jusqu'à présent.

CHAPITRE IV

Documents
concernant l'Histoire de la Population.

Ce dernier chapitre sera divisé en deux parties :

Dans la première, nous ferons connaître les personnages qui ont possédé des propriétés importantes et qui ont été illustres par leur naissance, leur savoir ou les fonctions élevées qu'ils ont remplies. Nous réservons la seconde aux familles de travailleurs qui ont fertilisé notre sol et peuplé le village. Nous suivrons, dans la première série l'ordre déjà adopté dans la description de la propriété ; mais pour la deuxième série, nous citerons les noms par ordre alphabétique.

FAMILLES DE PROPRIÉTAIRES

Religieuses de Sainte-Claire.

Nous plaçons à dessein en tête de cet exposé la famille religieuse de Sainte-Claire, parce qu'elle a beaucoup et longtemps possédé à Saint-Martin. Pendant quatre-cent-soixante-cinq ans, ces Dames ont conservé la seigneurie de la moitié de notre territoire et assuré l'existence à notre population. Elles furent installées à Toulouse, en 1246, hors de la porte Ville-neuve, sous le nom de *Sœurs de Saint-Damien*, par un bref du pape Innocent IV qui les plaça, dès l'année suivante, sous la protection des consuls et gouverneurs de la ville. Elles reçurent de bonne heure des privi-lèges de la Cour de Rome et des rentes en espèces par lettres patentes de plusieurs rois de France. Divers personnages de Toulouse, se recommandant à leurs prières, leur firent aussi des donations. C'est ainsi qu'elles devinrent propriétaires à Saint-Martin des terres de Layrac, par la générosité de Guillaume Prim. Les Clarisses s'établirent en 1353 dans l'intérieur de la ville de Toulouse, par ordre des consuls, sur un terrain qui leur fut donné par Bernard de Languisel, cardinal-évêque de Porto ; elles y fondèrent leur grande maison de la rue de la Fonderie, qu'elles ont occupée jusqu'à la Révolution.

Les familles les plus recommandables de la noblesse languedocienne ont été représentées dans le conseil d'administration de ce Couvent. Au quatorzième siècle, les Clarisses eurent pour abbesses : Sœur Angélique, Claire de Limas et Françoise d'Elbont ; au quinzième siècle Arnaulde de Grimoard, Marguerite de Durfort et Jeanne de Grossolles. Nous avons relevé dans le bail à fief Duclos en 1500, les noms de Marie de Lagrave, ab-besse, Agnès de Chausson, Jeanne de Falgarde et Agnès de Roquelaure, discrètes. Dans le seizième siècle, Fro-mentie de Caussade et Charlotte de Minut succédèrent, comme abbesses, à Marie de Lagrave. Parmi les der-nières abbesses, nous avons remarqué Dame de Gramont en 1614 et Claire de Tournemire, en 1620.

Dans la reconnaissance des frères Viguié, datée de 1684, on trouve désignées : Marie-Anne de Ferrières, supérieure, Marguerite Claude de Lafont, vicaire, Jeanne du May, Charlotte de Sabailhan, Marguerite de Marfrain et Catherine Daxat, discrètes.

Viennent ensuite par ordre de date, les supérieures dont les noms suivent : Marie de Madron en 1693, Marie-Anne de Mauremont en 1694, Marie de Milhau en 1700 et Marie d'Orbessan en 1722.

Dans la reconnaissance Labadens, en 1724, Marie d'Orbessan était encore supérieure, Marie de Latour, vicaire, et Jeanne Marie de Sabailhan, Germaine de Saint-Palais, Toinette de Capèle et Gabrielle d'Ouvrier, discrètes.

Dans une autre série, la maison eut pour supérieures : Marie de Sainte-Colombe en 1730, Gabrielle d'Ouvrier en 1739, Marie-Anne d'Aliès en 1740, Marguerite d'Agret de Saint-Jean en 1749.

Dans la reconnaissance du curé François Roger, en 1754, figurent Marguerite d'Agret de Saint-Jean, supérieure, Marie-Anne d'Aliès, vicaire, Jeanne de Ponsan, Louise de Boutaric, Jacquette de Saint-Rome et Jeanne Delozes, discrètes.

Claire de Courtois était supérieure en 1758, et Suzanne d'Agret en 1761.

Dans une reconnaissance de Dame de Blandinières, en 1763, sont désignées : Marguerite d'Agret de Saint-Jean, supérieure, Claire de Courtois, vicaire, Jacquette de Saint-Rome, Jeanne Delozes, Catherine d'Ouvrier et Marie de Saumach, discrètes.

Enfin, en 1785, dans le bail à fief de la fontaine Durantou, Louise de Bastard est citée comme supérieure et Claire de Courtois, vicaire. La dernière supérieure a été sœur de Bellissen de Durban, au moment de la Révolution.

Guillaume Prim.

Nous savons peu de chose sur ce riche bourgeois qui devait jouir d'une haute considération, puisqu'il contracta une alliance distinguée, par son mariage avec dame Alamande de Gameville. Il fut capitoul en 1300 et tint boutique au centre de Toulouse ; il ne resta propriétaire de la métairie de Layrac que pendant trente-trois ans. Le nom de Guillaume Prim, qui aurait dû être cité le premier dans l'ordre chronologique, mérite d'être retenu à cause de sa grande charité et du rôle important qu'il joua dans la fondation de Saint-Martin.

A part la donation qu'il fit de son domaine de Layrac aux Clarisses, il distribua dans son testament beaucoup de legs aux hospices, aux églises et aux ponts de Toulouse. Le plus considérable fut en faveur de la chapelle des Cordeliers, où il se réserva d'être enterré. N'ayant pas eu d'enfants, il dota ses neveux, ses filleuls et réserva l'usufruit de tous ses dons et legs en faveur de son épouse, à la condition qu'elle ne se remarierait pas.

La famille de Gameville, à laquelle appartenait cette Dame, avait produit des avocats remarquables et trois capitouls : Guillaume de Gameville en 1251, Pierre de Gameville en 1283 et Bertrand de Gameville en 1299, 1304 et 1305.

MM. de Mansencal.

Le plus illustre, sans contredit, des propriétaires de Saint-Martin a été Jean de Mansencal, premier président du Parlement de Toulouse, qui fit bâtir, sur les

bords du Touch, le château d'Ardizas au commencement
du seizième siècle. Nous ignorons la date à laquelle il
prit possession de ce domaine ; il est probable qu'à
cause de la proximité de la ville, il y venait fréquem-
ment respirer l'air de la campagne, et que, pour ce
motif, il y avait fondé une maison confortable. Il possédait aussi des terres très considérables aux environs de
Rieumes. M. de Mansencal était né à Bazas, d'une ancienne famille ; il était petit-fils d'un lieutenant-général
du roi et seigneur de Bazas. Après avoir été successivement conseiller et avocat-général au Parlement, il fut
élevé par le roi à la dignité de premier président en
1538. Il arriva presque au moment où le fanatisme religieux engendra les plus graves désordres à l'occasion
de la Réforme protestante. Dès que le roi eut ordonné
de poursuivre les hérétiques, commença à Toulouse une
lutte sanglante à laquelle le Parlement prit une large
part. Des excès très regrettables furent commis de part
et d'autre ; mais on ne saurait rendre responsable le
premier président de toutes les rigueurs qui furent
exercées par la Cour souveraine. Entouré de conseillers
fougueux, M. de Mansencal prêchait, au contraire, la
modération et la tolérance ; et quoiqu'on ait pu lui reprocher certaines faiblesses, il représenta dignement la
justice. Remarquable par son érudition et sa douceur,
il tenait néanmoins sa charge en grande estime et il
imposa toujours le respect dû à la haute magistrature.
Dans une circonstance célèbre, il résista même au Roi
qui lui avait ordonné d'aller au devant du prince de
Condé, prétextant que revêtu de la dignité la plus élevée, il ne devait se soumettre qu'à Dieu et au Roi.

Pour faire trêve aux malheurs causés par la guerre
civile, les capitouls votèrent le projet de construction
d'un pont monumental sur la Garonne. La ville tout
entière et les diocèses voisins eux-mêmes s'imposèrent

pour la réalisation de cette grande œuvre; le Parlement s'inscrivit pour 1200 *livres*. Grâce à cette heureuse diversion, les passions populaires furent un instain apaisées, et on put voir, le 5 janvier 1543, M. de Mansencal poser solennellement, avec le concours de l'autorité ecclésiastique, la première pierre du *Pont-Neuf* en présence d'une foule sympathique (1).

La construction de ce pont ne dura par moins de soixante-quinze ans.

Quelques années plus tard, dans une grande disette, M. de Mansencal, à la tête du Parlement, s'occupa très activement des approvisionnements et de la taxe des vivres. Enfin, il mourut, en 1562, entouré de la considération universelle et fut enterré dans l'église des religieuses de la grande observance. Il s'etait marié deux fois : de sa première femme, Antoinette d'Olmières, il n'eut qu'un fils dont la fille unique épousa Messire de Sevin. De sa seconde femme, Jeanne de Vidal, il eut trois fils et trois filles : Jean, seigneur de Grépiac, qui mourut sans enfants; Pierre, seigneur de Miramont et François, seigneur de Venerque. Ce fut Pierre de Mansencal, seigneur de Miramont, qui lui succéda sur les terres de Saint-Martin. L'aînée de ses filles épousa Charles du Faur, président au Parlement, qui posséda les terres de Tailhasson ; la seconde fille épousa Jean de Cavaignes, conseiller au Parlement, et la troisième, Gabriel du Bourg, également conseiller.

M. de Cheverry.

M. Pierre de Mansencal laissa le château de Saint-Martin à une de ses filles qui fut mariée à M. Charles

---

(1) *Nos premiers présidents*, par M. Amilhau.

de Cheverry, seigneur d'Ardizas, en Gascogne. Ce dernier attacha son titre seigneurial au domaine de la famille de Mansencal et prit une grande part à l'agrandissement de notre village. Il donna à fief, vers 1620, les terres les plus rapprochées de l'église, à la condition qu'on y bâtirait des maisons dans un délai de deux ans ; il fit surgir ainsi un groupe considérable d'habitations.

M. Michel de Cheverry, seigneur de la Réole, qui fut capitoul en 1599, épousa demoiselle Jeanne, autre fille de M. Pierre de Mansencal. Il reçut pour sa part les terres situées au midi de la route de l'Isle et les donna à fief à la même époque et dans les mêmes conditions.

MM. Roger.

Le chef de cette famille, Guillaume Roger, marchand *grossier* de Saint-Cyprien, épousa Gabrielle de Maignan ; il acheta le domaine d'Ardizas le 7 mai 1651. Son fils et ses descendants quittèrent le commerce pour l'étude des lois et cette maison eut dans la suite des avocats distingués. Ils ajoutèrent sans aucun droit et sans scrupule le titre de la seigneurie d'Ardizas à leur nom ; on peut constater encore ce fait sur l'inscription de la pierre tombale de Jean-Paul Roger, conseiller au Sénéchal et mort en 1720. Cette pierre récemment découverte appartient à M. Hippolyte Latour. Quoique les Roger aient conservé leur propriété pendant plus de cent ans, ils ont laissé peu de souvenirs intéressants. Leurs possessions avaient été partagées au commencement du dix-huitième siècle entre deux frères (Jean-Clair et Jean), et, à la suite de procès de famille, elles furent vendues par ordonnance du Parlement en 1760.

Mme Catherine de Blandinières.

Madame de Blandinières, illustre par sa naissance, s'éleva encore par son mariage avec M. Louis Rigail d'Ouvrier ; elle ne passa que vingt ans au château d'Ardizas et n'eut pour ainsi dire, pas le temps de se faire connaître. Ce fut elle qui donna à fief les deux moulins à eau sur le Touch qui dépendaient de son domaine. Madame de Blandinières descendait d'une grande famille du Languedoc qui avait été représentée plusieurs fois dans le Capitoulat. Durand Blandinières, bourgeois, fut capitoul en 1575 ; Jacques de Blandinières co-seigneur de Deyme, en 1614 ; Pierre de Blandinières, seigneur de Fortic, en 1670 ; Mathieu de Blandinières, avocat, fut conseiller du roi et substitut du procureur général du Parlement en 1689.

Les Rigail d'Ouvrier étaient de puissants seigneurs qui gouvernèrent longtemps dans le Causse, sur les bords de l'Aveyron ; ils étaient titulaires de la baronnie de Bruniquel et du vicomté de Penne. Les ruines de leurs châteaux sont encore pour les touristes l'objet d'une vive attraction.

M. Pech.

M. Joseph-Louis Pech était marchand bijoutier, place des Paradoux, à Toulouse. Devenu propriétaire du domaine d'Ardizas en 1781, il prit à cœur l'embellissement de son bien. Malheureusement il ne suivit pas les règles de l'art dans la restauration du château ; et malgré les sommes considérables qu'il y consacra, il lui fit perdre son caractère archéologique. Sous ce rapport il ne peut être loué de son zèle ; mais M. Pech, fut d'autre part un homme très charitable : il laissa en mourant cinq mille francs à chacun des hôpitaux, Saint-Jacques et Saint-Joseph de la Grave, mille deux cent francs à l'église de la Daurade et six cents francs aux Sœurs de charité de cette paroisse.

M. Ruffat.

La famille Ruffat est une de celles qui ont fait le plus d'honneur à notre pays, soit par sa distinction, soit par l'attachement qu'elle nous à témoigné. M. Jean-Dominique-François-Marie Ruffat qui succéda sur le domaine d'Ardizas à M. Pech, son oncle par alliance, était né le 2 janvier 1762, de Barthélemy Ruffat, professeur de droit romain à l'Université de Toulouse, et de Dame Marie-Anne Boyer. Il fit son éducation au collège de l'Esquile et manifesta dès sa jeunesse un goût particulier pour la culture des lettres et de la poésie. Il se fit également remarquer par ses succès dans l'étude du droit ; à peine âgé de vingt-deux ans, il était docteur et chargé d'un cours supplémentaire à la faculté. Mais la Révolution qui ne respectait rien, vint interrompre ses rapides progrès ; les universités furent abolies et M. Ruffat eut l'honneur d'être dénoncé à cause des bons principes qu'il professait ; il fut détenu dans le couvent des Carmélites transformé en prison. On dit néanmoins que dominé par son amour pour la poésie, il chanta en des strophes charmantes les douceurs de sa captivité. Cependant un de ses frères était tombé victime de la Révolution ; mais lui, fut assez heureux pour arriver sain et sauf jusqu'au terme des journées sanglantes. Quoique après la mort de Robespierre, il fût rendu à la liberté, sa position n'en fut pas moins pénible. Afin de se créer une existence honorable, il fonda une *école secondaire*, où il initiait les jeunes gens à l'étude des lettres ; cette école eut un grand succès à l'époque où les lycées n'étaient pas encore fondés.

La reconstitution de l'Université le rappela à ses premiers travaux, et dès l'ouverture des cours, en 1805, la chaire de droit romain lui fut confiée. A ce moment, il s'était uni à une épouse digne de lui, Mlle Pech, nièce d'un négociant de la ville. « Ce dernier possédait une « belle campagne dans la banlieue de Toulouse, à « Saint-Martin, sur les bords du Touch. M. Ruffat s'y « transportait régulièrement tous les ans avec sa fa- « mille pour y passer la saison des vacances. C'était là « que sa verve se ranimait sous l'influence des brises « d'automne. Cette campagne, son départ de la ville, « son séjour ont tour à tour été chantés, décrits, célé- « brés ou dans des poésies fugitives ou dans des cou- « plets pleins d'esprit et de sel (1). » M. Ruffat fut élu mainteneur de l'Académie des Jeux-Floraux le 15 juillet 1821, et nul, plus que lui, ne mérita d'appartenir à cette savante compagnie. M. le baron de Montbel, son ami et son élève, étant devenu ministre, signala son entrée au pouvoir par un grand acte de justice; il mit sur la poitrine presque septuagénaire de M. Ruffat la croix de la Légion d'honneur.

Mais la politique qui gâte souvent les plus belles situations eut une influence malheureuse sur ses dernières années. Retenu par ses scrupules très louables, M. Ruffat recula devant le serment qu'exigeait la Constitution de 1830, et fut obligé de donner sa démission de professeur à l'Ecole de droit. Il s'en consola noblement, et se consacra, dès lors, tout entier à l'éducation de sa famille; il fit paraître aussi diverses publications.

(1) Eloge de M. Ruffat par M. Ducos.

sur ses études favorites, qui furent enlevées par ses admirateurs et ses anciens élèves. Retiré la plupart du temps à la campagne de Villeneuve-les-Cugnaux, c'est là qu'il fut visité par la mort le 4 octobre 1842, à l'âge de 80 ans, sans avoir rien perdu de la vigueur et de la finesse de son esprit. Une circonstance assez étrange marqua la fin de sa vie : il mourut un jour seulement avant son épouse. Ils furent ensevelis en même temps, inséparables dans la mort comme ils avaient été unis vivants.

Nous croirions commettre une grande faute de ne pas rappeler ici que M. Ruffat eut un fils, qui est décédé à Toulouse, le 19 juin 1899, à un âge très avancé.

M. le chanoine Elzéar Ruffat, malgré ses 87 ans, conservait un souvenir gracieux de notre Saint-Martin où il avait passé les meilleures années de sa jeunesse, et jusqu'au dernier jour, il voulut faire partie de notre antique confrérie. Comme son père, il avait connu les fortes épreuves, après les suprêmes honneurs; comme lui, il les avait supportées en homme courageux et en saint. Nous sommes heureux de payer notre faible tribut d'hommages à sa mémoire si vénérée par tout ce que la ville et le diocèse de Toulouse contiennent de personnes honnêtes et justes.

MM. de Malafosse.

La famille de Malafosse, originaire du Gévaudan, compte un bon nombre d'hommes distingués; elle a vécu trois siècles sur sa terre de Lioran, commune de Chanac, dans la Lozère. Ses principaux représentants ont occupé des postes élevés dans la magistrature du Languedoc, depuis le commencement du dix-septième siècle; ils ont été conseillers au *présidial,* du Parlement de Toulouse et à la cour des *aydes* de Montpellier.

D'autres, les cadets, se sont fait remarquer au service du roi dans l'armée ; l'un de ces derniers, gendarme du roi de la Maison-Rouge, fut tué à la bataille de Minden en 1758 ; un second, major dans le régiment de Bourbon-Cavalerie, ayant suivi Lally-Tolendal, trouva la mort devant Pondichéry en 1761. M. Simon de Malafosse, fils d'un conseiller à la cour des aydes, quitta Marvejols (Lozère) en 1830 pour s'établir à Toulouse. Il acheta, en 1832, le château d'Ardizas, où il célébra, en 1837, la noce de son fils aîné, M. Paulin de Malafosse, avec Mlle du Bourg. M. Paulin de Malafosse devint lui-même propriétaire du château d'Ardizas en 1838. A partir de ce moment, jusqu'à son départ de Saint-Martin, en 1868, il ne cessa de s'intéresser au bien de la paroisse.

Cette honorable famille est aujourd'hui représentée par M. Louis de Malafosse, notre savant et dévoué compatriote.

MM. de Roaix.

La maison de Roaix est une très ancienne famille de Toulouse, qui a occupé de hautes fonctions pendant des siècles. Elle avait au quinzième siècle des possessions considérables sur le territoire de Saint-Martin, le long de la route de Cornebarrieu ; mais nous ignorons depuis combien de temps ces biens lui appartenaient. En 1486, ils étaient indivis entre les mains des frères Philippe et Pierre de Roaix et de leur neveu Ayméric de Roaix. Plus tard, noble Achille de Roaix, leur héritier, en fut seul propriétaire jusqu'en 1524.

La famille de Roaix a fourni quarante-deux consuls ou capitouls à Toulouse, de 1175 à 1485. En 1419,

Bernard de Roaix, damoiseau, était à Toulouse l'allié du duc de Bourgogne et chef de son parti.

Lors de la création du Parlement, qui fut solennellement installé, le 29 mai 1420, par l'archevêque Dominique de Florence, Aynaud de Roaix fut compris parmi les cinq nouveaux conseillers-clers; il fut délégué à la cour du Régent de France, Charles VII, en 1421, pour y recevoir des instructions particulières en faveur de sa cause.

Quand le roi Louis XI fit son entrée solennelle à Toulouse, le 26 mai 1463, Etienne de Roaix portait l'étendard de la ville, en tête des Capitouls.

Un des derniers représentants de cette famille dans notre région, fut Pierre de Roaix, capitoul et seigneur de Beaupuy, en 1485. Peu de temps après, Achille de Roaix vendit tout ce qui lui restait à Saint-Martin et se retira dans sa seigneurie de Beaupuy, au levant de Toulouse. Il fut capitoul en 1563 et dénombra ses fiefs nobles de Quint en Lauragais en 1541, 1554 et 1557.

MM. de Montfort.

La famille de Montfort, qui a joué un si grand rôle dans le Languedoc, était originaire des Pays-Bas. Son chef Amauri, comte de Hainaut, vivait au dixième siècle. Il eut un fils, du nom de Guillaume, qui épousa l'héritière de la seigneurie de Montfort, située non loin de Paris, vers le couchant. De ce mariage, naquit un fils auquel on donna le nom d'Amauri, qu'avait porté son grand-père; c'est de là que la seigneurie prit le nom de Montfort l'Amauri. Simon, troisième seigneur de Montfort, était fils de Simon II, comte d'Evreux, et d'Amicie, comtesse de Leycestre (Angleterre). Il eut en partage, du chef de son père et de sa mère, la seigneurie de Montfort et le comté de Leycestre. Après s'être distingué en

Palestine, dans la croisade prêchée en 1199, il prit part à la guerre des Albigeois. Dès les premières conquêtes, il fut élu prince et seigneur du pays enlevé aux hérétiques (le vicomté de Béziers et de Carcassonne), sur la proposition de l'abbé de Citeaux. « Il avait une taille « très élevée, un port majestueux, une figure d'une « mâle et ravissante beauté ; il était doué d'une force « et d'une vigueur de corps peu ordinaires ; une grande « et belle chevelure flottait sur ses épaules. Actif, infa-« tigable, doué d'une affabilité et d'une politesse admi-« rables, il captivait facilement tous ceux qui s'appro-« chaient de sa personne et s'exprimait avec grâce et « quelquefois même avec éloquence (1) ».

Doué de ces qualités remarquables et encouragé par le titre de chef de la croisade qui lui fut reconnu, il se mit en campagne avec fureur, mais s'il a pu être loué pour son courage, il se rendit coupable de grandes cruautés. Le résultat de cette croisade fut le dépouillement de Raymond VI, comte de Toulouse, qui avait pris parti pour les Albigeois, sans embrasser pourtant leurs erreurs. Cette spoliation, faite au profit de Simon de Montfort, fut décrétée en Cour de Rome par le pape Innocent III et confirmée par le roi Philippe-Auguste. Malgré sa vertu et la pureté de sa foi, on a reproché avec raison, à Simon de Montfort, une ambition démesurée. Il était si peu désintéressé que jusqu'au dernier jour il batailla sans trêve ni merci ; et c'est en combattant, qu'il fut tué sous les murs de Toulouse, d'un coup de pierre à la tête, le 24 juin 1218.

Il était marié à Alix de Montmorency, de laquelle il laissa quatre fils et trois filles. Amauri, son fils aîné, lui succéda en qualité de comte de Toulouse ; mais il ne put conserver les pays conquis par son père. L'étoile des

(1) *Histoire de l'Eglise de Toulouse*, par l'abbé Salvan.

Montfort avait pâli, et l'ancien comte de Toulouse, Raymond VI, très regretté de ses sujets, avait au contraire ranimé son courage. Ce dernier reprit peu à peu quelques places du Languedoc et se rendit de nouveau maître d'une partie de ses états, malgré l'appui donné par le roi de France à la cause d'Amauri de Montfort. Raymond VII, son fils, qui lui succéda en 1222, finit de chasser du pays Amauri de Montfort, fit la paix avec l'Eglise et reçut l'absolution du pape Grégoire IX, en juin 1238.

La famille de Montfort eut dans la suite des représentants moins connus ; néanmoins, plusieurs ont été capitouls. Jean de Montfort fut élu en 1468, 1483 et 1484, Hector de Montfort en 1498.

Parmi ceux qui nous intéressent particulièrement, nous devons citer : autre Jean de Montfort, seigneur de Brax, qui dénombra ses fiefs nobles en 1503 ; Ramond de Montfort qui acheta la propriété de Saint-Martin en 1524 ; Pierre de Montfort, seigneur de Brax et trésorier du roi, à Toulouse, qui dénombra ses fiefs nobles en 1540 et 1554. Les héritiers de Ramond de Montfort furent : autre Jean de Montfort, Laurent de Montfort et enfin François de Montfort, qui vendit ses terres aux religieuses de Sainte-Claire, le 17 mars 1677 (1).

M. Vital d'Aussone.

Ce grand personnage tient une large place dans l'histoire de nos fondations. Il n'avait rien de commun avec la famille Buisson d'Aussone, qui possédait la seigneurie d'Aussone, village voisin situé dans le canton de Grenade. M. Vital d'Aussone fut capitoul en 1530, conseiller

(1) La plupart des renseignements sur nos grandes familles sont empruntés au *Nobiliaire Toulousain* de Brémond.

au Parlément en 1556 et joua un grand rôle dans les guerres de religion ; il ne laissa pas de descendant mâle et donna tous ses biens à Dame Catherine de Barthélémy, son épouse, par testament du 21 juillet 1580.

Me Vital d'Aussone descendait de Me Jean d'Aussone, conseiller au Parlement et de Dame Jeanne de Clausa qui avaient contracté mariage devant Me Alardi, notaire à Toulouse, le 11 décembre 1518. Jean d'Aussone épousa en secondes noces Dame Astrugue de Solz, le 1er novembre 1535 ; il fit testament le 16 juin 1545 devant Me Lobeyrie, notaire de Toulouse, en faveur de son fils, qu'il institua son légataire universel. Il donna aussi des legs à sa fille Marie-Anne, à l'église Saint-Martin de l'Isle-Jourdain, aux Clarisses de *San-Subra* et à l'église métropolitaine de Saint-Etienne, dans laquelle il se réserva d'être enterré à côté de sa première femme (1).

Me Vital d'Aussone eut un fils, du nom de Jean, qui mourut peu de temps après son mariage avec Dame Claire de Garaud. Il eut aussi trois filles : Marie-Anne et Catherine, qui épousèrent : la première Bertrand Doujat, la deuxième Gaillard de Labarrière, et la troisième Arnaud de Bourret.

Bertrand Doujat succéda à Me d'Aussone au château de Saint-Martin ; il fut l'auteur de la grande famille Doujat, qui vient à peine de nous quitter.

Si la famille d'Aussone n'était pas originaire de l'Isle-Jourdain, elle eut du moins des relations intéressantes avec cette ville, au commencement du seizième siècle.

Les dispositions testamentaires de Jean d'Aussone, léguant des sommes importantes à l'église collégiale de Saint-Martin de l'Isle-Jourdain, en témoignent suffisamment. Nous en avons encore trouvé la preuve dans

______
(1) *Archives des notaires* de Toulouse.

deux actes passés en présence de M⁰ Arnaldus et conservés dans les archives des notaires de Toulouse. Dans le premier, Pierre d'Aussone aîné, prêtre et prébendier de l'église de l'Isle-Jourdain, résigne en 1519 les droits qu'il a sur le bénéfice de l'église de Banios, au diocèse de Tarbes. Le second acte, portant la même date, est une procuration de Pierre d'Aussone jeune, pourvu de l'archiprêtré de Banios et précédemment recteur de Saint-Martin de Laborde, au diocèse de Tarbes.

Dame Catherine de Barthélémy.

Cette Dame était issue d'une famille recommandable, ayant eu de nombreux représentants dans la magistrature et le barreau de Toulouse au seizième siècle :

Antoine de Barthélémy, licencié en droit, qui fut capitoul en 1531 ; François, nommé conseiller-clerc au Parlement en 1556 ; Jean, président de la chambre des requêtes au Parlement en 1559 ; enfin, Louis de Barthélémy, docteur et avocat, qui fut capitoul en 1595.

Docteur Alvarus.

Il est certain qu'Emmanuel Alvarus était un homme de valeur. La régence de la Faculté de médecine de Toulouse, qui lui fut confiée par le roi, prouve suffisamment sa distinction et sa science. L'histoire ecclésiastique fait également mention d'un de ses parents, Ferdinand Alvarus, qui était recteur de l'Isle-en-Jourdain au commencement du dix-septième siècle.

MM. de Maignan.

Cette famille occupa de longues années la métairie de la Cassanette, sur laquelle il y avait de son temps une habitation de maître. Nous avons trouvé sur les registres de l'église plusieurs actes de baptême ou de décés, qui prouvent que les Maignan habitaient leur campagne.

Il est aussi fait mention d'une chapelle attenante à la maison, où on disait la messe. Tous les membres de cette famille étaient avocats.

Docteur Orcival.

Ce médecin, qui épousa Isabeau de Maignan, jouissait à Toulouse d'une grande réputation comme praticien. Nous l'avons vu délégué par les capitouls pour porter secours aux habitants de Saint-Martin, décimés par l'épidémie de 1734.

M. de Tournier.

Cette famille eut deux représentants dans la haute magistrature. Pierre de Tournier, conseiller-clerc au Parlement, de 1690 à 1738, et Jean-François de Tournier, conseiller au Parlement, de 1671 à 1705.

M. de Cardailhac.

Cette famille a produit de grands personnages avec lesquels notre village n'a eu aucun rapport; l'un d'eux fut archevêque de Toulouse de 1378 à 1390. Mᵉ Jean Cardailhac, le seul qui nous intéresse, fut procureur au Parlement au dix-septième siècle.

M. de Bessières.

M. Charles de Bessières, écuyer, qui fut le dernier propriétaire de la métairie du Giponier, laissa des ren-

tes sur ses terres en faveur de l'Hôtel-Dieu Saint-Jacques; quelques-unes n'ont pas été encore affranchies.

M. de Tailhasson.

Quoique cette famille n'ait pour nous qu'un intérêt
secondaire, puisque ses biens étaient, en majeure partie, dans la juridiction de Colomiers, nous ferons connaître ses principaux représentants.

Pierre de Tailhasson, docteur et avocat, qui fut capitoul en 1613, Jean Raymond, co-seigneur de Colomiers,
qui dénombra ses fiefs nobles de Saint-Martin, devant
les capitouls, en 1689.

Henri-Saturnin de Tailhasson, qui fut conseiller au
parlement de 1784 à 1790.

M. Charles du Faur.

Ce propriétaire qui tenait au seizième siècle la terre
dite de Tailhasson, descendait d'une illustre famille qui
gouvernait de grandes seigneuries dans le pays toulousain, notamment à Pibrac et à Saint-Jory.

Cette maison avait donné au parlement des magistrats
célèbres, dont un, Pierre du Faur, de Saint-Jory, fut
premier président de 1597 à 1602. M. Charles du Faur
était aussi conseiller au parlement et allié à la famille
de Mansencal. M⁰ Michel du Faur, Eléonore de Bernuy
sa femme et Charles du Faur leur neveu, furent traduits
devant le Parlement, en 1560, comme *suspects de la
nouvelle religion*, mais par deux arrêts du Conseil privé,
le roi fit casser, en 1570, toutes les procédures faites
contre eux, les réintégra dans leurs terres et les déclara
de bons et fidèles sujets catholiques (1).

(1) Inventaire des *Annales communales de Toulouse*, par M. Roschach.

MM. de Laporte.

La maison de Laporte tient une place importante dans l'histoire de Saint-Martin, non seulement par l'étendue de ses propriétés, mais surtout par le bien qu'elle y a fait. Nous ignorons l'époque précise de son arrivée dans le village ; mais c'est au commencement du quinzième siècle , lorsqu'elle gouvernait déjà la seigneurie de Sainte-Livrade.

M. Pierre de Laporte, médecin et capitoul, en 1520, a été le premier connu dans le pays ; vient ensuite M⁰ François de Laporte, avocat, qui fut capitoul en 1573. C'est ce dernier qui fit bâtir l'oratoire de Notre-Dame de Pitié au milieu de la paroisse et qui le dota d'un obit en 1612. Nous ne reviendrons sur cette fondation, que pour affirmer que cette chapelle fut très fréquentée pendant deux cents ans et que les recommandations du fondateur furent rigoureusement observées.

M. Siméon de Laporte, neveu du précédent et son successeur, fut conseiller au parlement de 1650 à 1692.

Nous avons encore relevé les noms suivants dans la généalogie de cette famille :

M. Pierre-Nicolas de Laporte, conseiller référendaire en la chancellerie de Toulouse, qui fut capitoul en 1733, 1745 et 1746.

M. Jean de Laporte, seigneur de Sainte-Livrade.

M. Henri-Catherine de Laporte, chanoine de Saint-Sernin.

M. de Boutaric.

Cette famille peu ancienne, avait reçu des lettres de noblesse, en la personne de Jean de Boutaric, qui fut secrétaire du roi, à la Cour des Aydes de Montauban, de 1656 à 1684.

Guillaume de Boutaric fut conseiller au Parlement de Toulouse, de 1642 à 1684.

Balthazard de Boutaric occupa la même charge, de 1677 à 1722.

Enfin, François de Boutaric, avocat et professeur de droit français, fut capitoul en 1704 et 1710 ; il épousa Dame Marguerite de Merle.

M. Lonjon de Laprade.

M. Lonjon de Laprade, nommé conseiller à la cour des Aydes de Montauban, en 1738, fut le second mari de Dame de Merle ; il administra la propriété de Laporte à Saint-Martin, après la mort de M. de Boutaric.

La famille de Merle avait produit M. Bertrand-Joseph-Augustin de Merle, co-seiguenr de Colomiers, qui fut capitoul en 1786.

MM. Lavigne.

M. Pierre Lavigne, originaire de Blagnac, établit sa résidence à Saint-Martin, en 1847, lors de son mariage avec Demoiselle Françoise Fourment. Il se trouva aussitôt à la tête d'une grande exploitation agricole, qu'il dirigea d'une manière remarquable. Après avoir beaucoup augmenté le prix de sa propriété, il l'a laissée à M. Joseph Lavigne, son fils, qui la fait valoir avec le même succès.

La famille Lavigne a produit, à Blagnac, un homme marquant qui a joué un grand rôle politique. M. Bertrand Lavigne, médecin-vétérinaire, reçut de son père des idées libérales qui lui valurent d'être maire de sa commune en 1848. Un peu effacé sous l'Empire, il rentra en scène sous la troisième république ; il fut adjoint au maire de Toulouse et sous-préfet de Saint-Gaudens et de

Villefranche. Il a laissé une histoire de Blagnac, dans laquelle il a réservé une trop large part à la défense de ses opinions.

MM. Doujat.

Après les religieuses de Sainte-Claire, c'est la famille Doujat qui a vécu le plus longtemps à Saint-Martin. Elle a même sur les premières cet avantage qu'elle habita presque continuellement son *castel*, et qu'elle se mêla de près à la vie de la paroisse. Les Doujat arrivèrent à Saint-Martin à la fin du seizième siècle, par le mariage de Bertrand Doujat avec Marie d'Aussone. Jean Doujat d'Aussone, qui fut le premier enfant de ce mariage, eut à son tour pour héritier direct Pierre Doujat, docteur et avocat, qu'on pourrait appeler justement le fondateur du village. Il en fit bâtir à lui seul les trois quarts et fut capitoul en 1660. François-Joseph Doujat d'Aussone, son successeur, fit un heureux mariage avec Demoiselle Jacquette de Barta ; ce mariage fut béni par la naissance de son fils, Gabriel-Bonaventure Doujat. Ce dernier augmenta par son savoir la bonne renommée de sa famille ; il devint conseiller au Parlement de Toulouse (de 1709 à 1747). Baptisé à Saint-Martin, le 15 octobre 1686, il avait eu pour parrain Gabriel Bonaventure de Barta, prieur de *Cesteyrols* et de *Sarrencouly*. Il épousa Dame Claire Lecomte, seigneuresse de Saiguède ; mais, à défaut de descendance mâle, les Doujat firent place, vers le milieu du dix-huitième siècle, à la famille de Ségla, par le mariage d'une demoiselle Doujat avec Urbain-Elisabeth de Ségla, seigneur du Vernet et conseiller au Parlement. Plus tard, Jean-Pierre-Adrien-Régis de Ségla reçut de sa mère le château de Saint-Martin, qu'il habita jusqu'à sa mort, et qu'il donna par testament du 26 octobre 1824 à son neveu, M. Marie-Joseph-Silvestre-Henri Doujat, baron d'Empeaux et conseiller à la cour.

La famille Doujat compte dans les branches collatérales un nombre considérable de savants et de grands magistrats. M. Jean Doujat, le plus célèbre d'entre eux, mérite d'être connu quoiqu'il n'ait jamais eu des intérêts dans notre village. « Descendant d'un avocat général au grand conseil, Jean Doujat s'illustra dans le barreau par la clarté de ses discussions; doué d'une imagination impétueuse, il excella dans les arts et dans les lettres et quitta un moment Toulouse pour aller chercher fortune à Paris. C'est de lui que Chapelain disait : Il n'est pas possible de rien apprendre au savant Doujat dans les lettres grecque, latine, italienne et espagnole; il a de même une grande connaissance de l'esclavonne, de l'allemande et de l'hébraïque.

« L'Académie française lui ouvrit ses portes et il fut doyen de l'immortelle compagnie. On ne tarda pas à le revoir à Toulouse, dans une chaire de droit canon, et ensuite dans une chaire de droit civil à l'Université. Telle fut l'impression qu'il produisit un jour sur l'archevêque de Toulouse, Pierre de Marca, que ce prélat voulut le faire nommer auditeur de rote à la cour de Rome. Il n'alla pas à Rome, mais il revint à Paris où il donna des leçons d'histoire au Dauphin; en son absence, c'est Bossuet qui allait le remplacer (1). »

Jean Doujat a laissé un dictionnaire en langue romane qui vient d'être réédité.

MM. de Ségla.

Cette ancienne famille bourgeoise du Toulousain a produit plusieurs hommes distingués :

(1) *Histoire du Parlement*, par M. Dubédat.

Bernard Ségla qui fut anobli par la charge de secrétaire du roi, qu'il exerça à la chancellerie de Toulouse, de 1596 à 1632 ;

Guillaume de Ségla, président au Parlement en 1618 ;

Jean de Ségla, écuyer, seigneur de Venerque, dénombra ses fiefs nobles devant les capitouls, en 1689 ;

Urbain-Elisabeth de Ségla, conseiller au Parlement, de 1759 à 1790 ;

Enfin, Jean-Pierre-Adrien-Régis de Ségla, fils du précédent.

M. Peyreigne.

M. Adolphe Peyreigne est resté seulement quelques années, après la famille Doujat, au château de Saint-Martin ; mais il l'a entièrement transformé. On lui doit la plantation délicieuse du parc qui reprit, grâce aux attraits de son aimable famille, un air de vie qu'il avait perdu depuis longtemps. M. Peyreigne et sa famille ont laissé parmi nous les meilleurs souvenirs.

M. Dassier.

Ce nouveau propriétaire appartient à une honorable famille de Toulouse, qui a tenu un rang distingué dans le monde savant. M. Félix Dassier, fils unique de M. Augustin Dassier, directeur de l'Ecole de Médecine de Toulouse, aspirait lui aussi au doctorat. Il fit deux années d'études préparatoires ; mais un revirement subit s'opéra dans sa vocation en 1858. Il est venu au château de Saint-Martin pour terminer l'œuvre de son prédécesseur : déjà le vieux manoir a repris en partie son aspect primitif, et il y a lieu d'espérer que la restauration en sera poursuivie avec le même goût jusqu'à complet achèvement.

La famille Dassier est arrivée à Saint-Martin animée

des meilleures intentions, mais la mort prématurée de
M. Dassier, en 1901, l'a mise en deuil pour longtemps.
Nous nous plaisons à croire que la paroisse se ressen-
tira beaucoup et longtemps de la présence de ses
dignes héritiers.

M. Furgole.

Parmi les anciens propriétaires de Lespécière, il n'y
a eu de notable que M. Jean-Baptiste Furgole, avocat,
élu capitoul en 1754; il assista à l'assemblée générale de
la noblesse, à Toulouse, en 1789.

M. Comère.

M. Jean-Baptiste Comère, né à Saramon (Gers) en
1765, était venu à Toulouse à l'âge de 20 ans pour chercher du travail. En ayant trouvé sur le domaine de Purpan, il ne tarda pas à se faire remarquer par son intelligence et son activité; il fit si bien que M. Dubarry-Conty
d'Hargicourt lui confia la direction de cette propriété.
M. Comère réalisa, étant régisseur, des économies
dont il se servit surtout pour faire de bonnes œuvres;
il acheta aussi plusieurs terres à Saint-Martin, notamment un enclos dans le huitième, moulon où il fit bâtir
une maison qui existe encore.
M. Comère se retira dans cette habitation vers 1830
et légua tout son avoir à M. Tourrié en 1835.

M. Tourrié.

M. Laurent Tourrié, architecte, a laissé la réputation
d'un parfait honnête homme. Il sut, par ses bons procé-
dés, acquérir la confiance des meilleures maisons de
Toulouse et par suite une belle fortune.
Il a laissé trois enfants, dont deux fils, qui sont morts

encore jeunes et au plus beau temps de leur carrière.
L'aîné, M. Paul, était négociant à Toulouse ; il réalisa
d'importants bénéfices dans le commerce de l'épicerie.
Le second, M. Gustave, à la sortie de l'Ecole de Santé
militaire de Strasbourg, passa cinq ans en Algérie dans
le Sud-Oranais. Rentré en France, il fut attaché comme
médecin aide-major de 1re classe au 20e régiment d'infanterie en garnison à Pau. Les frères Tourrié, doués
l'un et l'autre d'un charmant caractère et toujours prêts
à rendre service, n'ont eu que des amis partout où ils
ont vécu.

Parmi les souvenirs légués par cette honorable famille
à Mlle Marie Tourrié, son unique héritière, les plus
précieux doivent lui rappeler la générosité de ses
frères et les bonnes œuvres faites par M. Jean-Baptiste
Comère.

M. Mayran.

M. Augustin Mayran, ancien négociant de Toulouse,
acheta une maison au *Champ de Caulet* vers 1850. Il
en fit une belle résidence d'été et y mourut en 1857. Ses
héritiers l'ont conservée vingt-cinq ans environ.

M. Soufarès.

M. Soufarès, ancien professeur, de Toulouse, a été
propriétaire à Saint-Martin pendant toute la seconde
moitié du dix-neuvième siècle, d'une maison de campagne et de plusieurs champs. Ses descendants en possè-
dent encore une partie.

M. de Lordat.

M. Jean de Lordat, qui fut capitoul en 1621, avait
deux propriétés sur le Touch, à la fin du seizième siècle ;
la métairie de Marmande sur la rive droite et un champ

de trois arpents sur la rive gauche, au quartier de *Francouly*. C'est seulement à cause de cette dernière propriété qu'il appartient à notre histoire, puisque les terres de Marmande ne faisaient pas alors partie de Saint-Martin.

La famille de Lordat, originaire du pays de Foix, est très illustre et très ancienne. Elle a donné un prieur à l'ordre de Saint-Jean de Jérusalem, vers 1180, et un nonce apostolique, prince du Saint-Empire, qui fut délégué en 1368, par le pape Urbain V, pour accompagner le corps de saint Thomas d'Aquin à Toulouse; un autre Guillaume de Lordat fut premier ministre du roi de Majorque. L'armée comptait aussi dans ses rangs de nombreux officiers issus de cette famille; celui qui nous intéresse, Jean-Jacques de Lordat, fut le plus remarquable. L'histoire dit que ce fut un des plus vaillants soldats de son temps; il se distingua en particulier dans les guerres de religion, à la tête d'un corps de gendarmerie. Cette famille, divisée en plusieurs branches, existe encore dans le Midi de la France.

M. Louis du Bourg.

Nous ne savons absolument rien sur l'origine de ce puissant seigneur, si ce n'est qu'il descendait d'une famille très ancienne du Languedoc (du Bourg de La Loubère); celle-ci n'avait rien de commun avec la maison du Bourg, originaire du Vivarais, qui n'a pris rang dans la noblesse toulousaine que depuis le seizième siècle. M. Louis du Bourg fut capitoul en 1460, 1468 et 1477; et, de même que les Clarisses avaient divisé leur seigneurie de Saint-Martin en plusieurs grands fiefs, au quinzième siècle, il fonda des biens importants au dépens de son immense domaine. Grâce à cette transformation, les terres incultes furent défrichées; en même temps plusieurs familles étrangères vinrent s'établir sur les nouvelles propriétés et grossir notre population.

M. de Nolet.

Le chef de cette famille, M. Jean de Nolet, fut nommé capitoul en 1500 et anobli par cette charge.

Un autre de Nolet fut trésorier-général de France au bureau des finances de Toulouse, de 1670 à 1733 ; enfin, Jean-Jacques de Nolet, fut procureur au Parlement, de 1748 à 1755.

M. Purpan.

La famille Purpan compte plusieurs notables :

François Purpan, était maître-chirurgien en 1615 ;

Antoine Purpan, seigneur de Vendine, dénombra ses fiefs nobles devant les capitouls, en 1689 ;

Enfin, Pierre Purpan, avocat, fit le dénombrement de ses fiefs en 1689 et en 1691.

MM. Campgrand.

Quoique les membres de la famille Campgrand ne se soient jamais attribué des titres de seigneurie, notre pays leur doit beaucoup.

Ils ont fondé la rue et le hameau de Fleurance, au commencement du dix-huitième siècle, et ils ont augmenté considérablement par ce fait le nombre des habitations du village.

Avant de posséder Saint-Aubin, le chef de cette maison, Pierre Campgrand, était marchand grossier de Saint-Cyprien et syndic des œuvres de l'église Saint-Nicolas.

M. Désazars.

Cet illustre avocat, qui avait pris le titre de seigneur

de Saint-Aubin et de Fleurance, passa peu de temps à Saint-Martin. Il fut inscrit au barreau du Parlement en 1774 et il assista à l'assemblée générale de la noblesse, en 1789. Nous ignorons à quel degré il était parent de son contemporain, le baron Désazars, qui était né en 1754 et qui devint premier président de la cour d'appel de Toulouse.

M. de Restes.

Cette noble maison du pays toulousain a fourni plusieurs capitouls à partir de 1453.

Jean de Restes était docteur en droit, conseiller et secrétaire du roi à la chancellerie de Toulouse; il dénombra ses fiefs nobles en 1540 et fut nommé capitoul en 1543.

M. de Restes possédait sur la rive droite du Touch une énorme propriété, de laquelle dépendait le bois de Carquet, situé sur la rive gauche et dans la paroisse de Saint-Martin.

MM. de Carquet.

Plusieurs personnages considérables de cette famille possédèrent successivement une partie des biens de Jean de Restes et spécialement le bois dont il vient d'être question :

Antoine Carquet, capitoul en 1681, et anobli par cette charge ;

Pierre de Carquet, procureur au Parlement ;

Enfin N... de Carquet, commandant du régiment de Vintimille, qui assista à l'assemblée générale de la noblesse, en 1789.

MM. Mulatier.

Parmi les anciens propriétaires du Peyrot, les seuls

notables ont appartenu à la famille Mulatier ; ce sont :
MM. Dominique Mulatier, docteur en médecine ; Michel
Mulatier, conseiller au sénéchal et noble ; Guillaume
Mulatier, écuyer.

MM. Dufour.

Dans ces derniers temps, nous avons connu M. François Dufour, agréé près le tribunal de commerce de Toulouse, qui avait la réputation d'un homme courageux et intelligent ; il avait été dans sa jeunesse porte-drapeau du régiment de Marie-Thérèse. M. Alexandre Dufour son fils, ancien juge au tribunal de première instance, a laissé aussi à Saint-Martin les meilleurs souvenirs. Il a surtout embelli la position de quelques petits propriétaires, en vendant en parcelles la plus grande partie du Peyrot. M. Dufour a fait encore beaucoup de bien à Toulouse ; il s'est occupé avec un grand zèle de plusieurs honnes œuvres jusqu'au jour de sa mort (8 janvier 1900).

MM. de Pins.

Dame de Portal, veuve de Jean Chabanassy, administra très peu de temps le bien de *Borde blanche ;* elle était issue d'une ancienne noblesse qui a donné de 1204 à 1423 neuf capitouls à la ville de Toulouse. Par suite de son second mariage avec M. Jean de Pins, la métairie de Chabanassy passa dans cette dernière famille, dont l'origine date de l'époque des croisades. Certains historiens prétendent qu'elle descend d'un nommé Pinos, marquis de Barbaza, en Catalogne (1). La maison de Pins a donné deux grands-maîtres à l'Ordre de Malte : Odon, en 1294 et Roger en 1355. Elle

(1) *Histoire de l'Eglise de Toulouse,* par M. l'abbé Salvan.

compte sept capitouls, de 1362 à 1540 ; cinq conseillers ou avocats généraux au Parlement, de 1523 à 1722 ; plusieurs chevaliers de Malte au dix-huitième siècle; et, enfin, un évêque célèbre, Jean de Pins, qui monta sur le trône de Rieux en 1523. Mais le personnage issu de cette famille qui intéresse le plus Saint-Martin, est Dame Marguerite de Pins qui garda le bien de Chabanassy jusqu'en 1658. Femme intrépide et vertueuse, Marguerite de Pins, fut d'abord mariée à M. Henri de Trotin ; elle épousa, en secondes noces, M⁰ Christophe Maynard de l'Estang et eut quatorze enfants, dont quatre de son premier mari. Marguerite de Pins peut être jugée d'après son testament (du 5 avril 1656) ; elle était douée d'une intelligence supérieure et de sentiments très élevés. Sans oublier aucun de ses enfants, elle témoigna dans ce dernier acte une préférence marquée à M⁰ Jacques-Joseph Maynard de l'Estang, son fils, auquel elle donna sa métairie de Saint-Martin.

MM. Maynard de l'Estang.

La famille de Maynard, qui ajouta à son nom le titre nobiliaire de l'Estang au commencement du dix-septième siècle, a eu des personnages marquants :

Le premier, Christophe de Maynard, seigneur de l'Estang et de Cornaudic, fut nommé conseiller au Parlement de Toulouse, en 1627 ;

Autre Christophe Maynard de l'Estang, seigneur de Ségoufielle, fut nommé conseiller au Parlement en 1676 ;

Daniel-Joseph Maynard, écuyer et seigneur de l'Estang, dénombra ses fiefs nobles en 1689 ;

Jean-Baptiste Maynard de l'Estang, avocat et professeur, fut capitoul en 1774 ;

N... Maynard dn l'Estang, écuyer, assista à l'assemblée générale de la noblesse de Toulouse, en 1789.

M. de Lherm.

Cette famille ne fut connue dans le pays qu'à la fin du dix-septième siècle : Jacques de Lherm, écuyer et co-seigneur du Lherm, dénombra ses fiefs nobles en 1689 et 1690 ;

Antoine de Lherm, écuyer, fut nommé capitoul en 1742 ;

François-Marguerite de Lherm fut nommé conseiller au Parlement en 1748.

Dame Marie de Lherm, issue de cette maison, avait acheté Chabanassy au commencement du dix-huitième siècle.

M. de Fortic.

Le mariage de Dame Marie de Lherm avec M. de Fortic fit passer la sus-dite métairie dans cette dernière famille, qui a vécu d'ailleurs peu de temps à Saint-Martin.

Nous n'avons relevé comme notables que les noms suivants :

M. Jean de Fortic, qui fut capitoul en 1714 et M. Jean-Jacques de Fortic, qui occupa la même charge en 1719.

MM. Mescur de Lasplanes.

Le mariage de Dame Jeanne-Dorothée de Fortic, avec M. Jean-Baptiste Mescur de Lasplanes, assura pour longtemps à la famille de Lasplanes la possession de la métairie de Chabanassy. Elle appartint successivement avec toutes ses dépendances et en ligne directe à M. Jean-Baptiste Mescur de Lasplanes, écuyer, M. Marie-Guillaume-François–Xavier Mescur de Lasplanes, conseiller au Parlement, et M. Dominique Mescur de Lasplanes, officier supérieur du génie.

M. Dominique Mescur de Lasplanes était un homme remarquable, non seulement par la variété et la profondeur de ses connaissances, mais par les qualités éminentes de son esprit et de son cœur. Il a laissé une telle impression de sa bonté, que les petits-fils de ses anciens serviteurs, à Chabanassy, racontent encore des traits caractéristiques conservés dans leur famille comme une pieuse tradition.

M. Dominique de Lasplanes était chevalier de la Légion d'honneur et de l'ordre de Saint-Louis; il avait suivi Bonaparte à la guerre d'Italie et avait pris une large part aux travaux de protection de notre armée. Il avait eu occasion, durant cette campagne, d'admirer les belles irrigations qui se pratiquaient dans les plaines de la Lombardie et tout le profit qu'on en retirait. Rentré dans ses foyers, M. de Lasplanes conçut la pensée d'un système d'arrosage du terrain compris entre la Garonne et la Save, depuis Saint-Martory à Grenade. Il n'eut pas l'avantage de pouvoir faire adopter ce projet; mais les ingénieurs en ont fait tellement cas, qu'ils l'ont repris et en partie exécuté après sa mort. M. Mescur de Lasplanes était membre résidant de la Société d'Agriculture de la Haute-Garonne; il assistait régulièrement aux séances et prenait une large part aux études qui lui étaient soumises. Il mourut en 1851, à l'âge de 76 ans.

M. Eugène Rességuier.

Le nouveau propriétaire de Chabanassy, est le fils de ses œuvres; il s'est élevé par son esprit entreprenant et un travail opiniâtre : S'il a réussi, il ne le doit qu'à ses heureuses inspirations et à une sage administration.

Ancien adjoint au maire de Toulouse, M. Rességuier, a reçu la croix de la Légion d'honneur pour prix de ses services administratifs. La population de Saint-Martin est heureuse de le posséder comme propriétaire ; il a déjà acquis la réputation d'un agriculteur intelligent et d'un maître consciencieux.

M. de Cassaigneau.

Parmi les personnages notables qui ont possédé la métairie de Rouleau, nous avons relevé (de 1635 à 1645), le nom de M. Jacques de Cassaigneau, qui fut nommé conseiller au Parlement en 1645. Sa famille comptait aussi plusieurs hommes distingués :

M. Jean de Cassaigneau son fils, nommé conseiller au Parlement en 1694 ;

Autre Jacques de Cassaigneau avocat, seigneur de Piémont et capitoul en 1648 ;

M. François de Cassaigneau, seigneur de Glatens et conseiller au Parlement, de 1645 à 1694 ;

Enfin, Dominique de Cassaigneau, seigneur de Limoges et conseiller au Parlement, de 1691 à 1723.

M. de Mélet.

La famille de Mélet, était propriétaire de quelques terres à côté de Rouleau, qui ont été annexées à ce domaine à la fin du dix-septième siècle. Cette famille a eu quelques personnages marquants ;

MM. Charles, Jacques et Antoine de Mélet, élus capitouls en 1548, 1589 et 1625 ;

MM. Valentin, François et Guillaume de Mélet, nommés conseillers au Parlement en 1623, 1646 et 1645 ;

Enfin, Jean-Pierre de Mélet, dernier propriétaire à Rouleau, qui fut président du Parlement.

MM. Rouleau.

Quoique les membres de la famille Rouleau n'aient pas occupé de hauts emplois, ils méritent une mention spéciale, notamment Pierre-Jean, à cause du zèle qu'il a déployé pour la reconstitution de la propriété qui porte encore son nom.

M. Sébastien Henault.

Cet honorable industriel, qui tint le premier rang dans l'imprimerie de Toulouse pendant près d'un demi-siècle, fit aussi de grands sacrifices pour agrandir le bien de Rouleau. C'est lui qui le compléta par de nombreux achats et qui fit construire le château.

M. Rives.

Depuis le commencement du dix-neuvième siècle, la famille Rives, possède le domaine du Rouleau. M. Achille Rives, son dernier représentant était pharmacien-major de première classe en retraite et chevalier de la Légion d'honneur. Il est mort en 1901.

M. de Solages.

Les derniers propriétaires du domaine de Marmande, depuis son annexion à la paroisse de Saint-Martin, doivent seuls nous occuper. En tête, se trouve M. François-Gabriel vicomte de Solages, décédé à Carmaux le 31 mai 1834. La terre de Solages qui a été le berceau d'une puissante famille, est située à quelques lieues d'Espalion en Rouergue.

Elle avait pour seigneur, en 1028, Rigaud de Solages qui donna naissance à la branche de Solages, de Robal,

marquis de Carmaux, la seule existante aujourd'hui.
Les principaux personnages de cette époque sont :

M. Bernard de Solages, qui se distingua dans la croisade contre les Albigeois, en 1217.

M. Thibault de Solages, qui prit part à la septième croisade sous Innocent IV, de 1248 à 1268.

M. Raymond de Solages, qui fut reçu de l'ordre de Saint-Jean de Jérusalem, en 1200.

M. Pierre de Solages, capitoul, qui fut nommé procureur au Parlement, en 1502.

Plusieurs autres descendants de cette famille furent reçus chevaliers de Malte, de 1603 à 1615.

M. Auguste de Naurois.

La famille Jacobé de Naurois est originaire de la Champagne. Jean Jacobé, écuyer, seigneur de Frémont, et Jérémie Jacobé son frère, seigneur d'Ablancourt, furent confirmés dans leurs titres en 1668 par un arrêt du Conseil d'Etat, après avoir fourni les preuves écrites de la noblesse de leur race.

Gilles-Marc-Henri Jacobé et Louis Jacobé, son frère, obtinrent une nouvelle attestation de noblesse en 1728.

Louis Jacobé, seigneur de Naurois et fils de Jérémie rendit hommage au roi pour ses fiefs nobles, en 1770.

Claude-Louis Jacobé de Naurois, écuyer, fut convoqué à l'assemblée de la noblesse, à Senlis, en 1789.

Enfin, Gérard-Marie de Naurois, son fils, fixa sa résidence en Languedoc, en qualité d'ingénieur des mines, à la fin du dix-huitième siècle. Il épousa, le 2 mars 1797, Demoiselle Marie-Gabrielle-Rose de Solages et devint l'auteur de la famille qui habite notre pays.

M. Auguste de Naurois, son fils aîné, naquit à Blaye, petit village du Tarn, près de Carmaux ; il fit ses études de droit à Paris, et se retira en 1830 dans son pays natal. Il épousa la même année Demoiselle Marie-Gabrielle de Solages, sa jeune tante, qui reçut par contrat de mariage le château et les terres de Marmande. Les nouveaux époux s'installèrent à Toulouse, partageant leur existence entre cette ville et la campagne de Saint-Martin. M. de Naurois avait un goût particulier pour l'agriculture ; aussi prit-il à cœur l'entretien et l'agrandissement de son domaine. Il travailla avec persévérance à l'embellissement du château et du parc, au point qu'il en a fait un bien de plaisance, des plus agréables, aux portes de Toulouse.

Il dirigeait lui-même les travaux avec intelligence et une sage économie, sacrifiant plutôt la fantaisie et l'élégance à la solidité et au confort. Tel fut cet homme vénérable qui a tenu notre pays dans sa main, pendant plus de cinquante ans. S'il ne jouissait pas des privilèges des anciens seigneurs, il avait su acquérir par sa droiture et sa bonté, le respect et la sympathie de tout le monde. Soucieux du sort des malheureux, il employait de préférence les veillards sur ses propriétés ; et dans sa maison patriarcale, tous les serviteurs était placés à vie. Pas plus dans la jeunesse que dans l'âge mûr, il ne chercha à briller ; mais il fut jusqu'à la fin un modèle de prudence et de bonne administration.

M. de Naurois était doué, en particulier, d'une mémoire extraordinaire, même dans ses dernières années ; ses amis l'interrogeaient souvent sur le temps passé, *« comme une vieille archive »* selon ses propres expressions, et il se plaisait à leur communiquer ses souvenirs par des narrations intéressantes et très détaillées. Fidèle à ses croyances et à ses principes, il fut toujours un catholique fervent et un partisant irréductible des Bourbons de la branche aînée.

M. de Naurois, durant toute sa vie, a été la providence de Saint-Martin ; il contribua généreusement à la recónstruction de la nouvelle église et à la prospérité de toutes les institutions religieuses ou charitables. Tout Toulouse connaît aussi les vertus de Madame de Naurois, sa digne épouse ; les directeurs des grandes œuvres savent surtout qu'on n'a jamais fait appel en vain à son bon cœur. La Providence voulut encore purifier son âme par la souffrance ; elle passa les dernières années de sa vie dans un douloureux martyre, qu'elle supporta avec une admirable résignation.

M. et Mme de Naurois sont morts à quelques mois de distance l'un de l'autre et à un âge très avancé (9 octobre 1885 — 12 février 1886).

MM. de Sevin.

M. Félix-Théodore de Sévin, qui succéda à M. Auguste de Naurois, son beau-père, sur le bien de Marmande, descendait d'une famille qui s'est illustrée dans la magistrature et dans l'armée ; M. Germain de Sevin fut nommé conseiller au Parlement de Toulouse, en 1596.

M. Pierre-François de Sevin-Mansencal fut conseiller au Parlement, de 1644 à 1695.

M. Jean-Antoine de Sevin-Mansencal fut nommé greffier en chef du Parlement, en 1685. Il rendit hommage au roi pour sa terre seigneuriale de Rayssac au diocèse de Narbonne, en 1723 : Trois descendants de cette famille, de la branche de Sevin de Ségougnac, furent nommés chevaliers de l'ordre de Malte.

Voici, dans l'ordre généalogique, les derniers représentants de la branche qui intéresse Saint-Martin : M. Jean-Chrysostome de Sevin, qui épousa Dame Louise de Manas de Lamazan et vécut dans l'Agenais ; Marie-Joseph-Anatole de Sevin, qui épousa, à Paris, Dame Catherine Drégé, et mourut à Toulouse, le 17 janvier 1890.

M. Théodore de Sevin, son fils, était né à Paris en 1838 ; il entra à l'école de Saint-Cyr en 1857 et fut nommé sous-lieutenant au 92ᵉ de ligne.

M. Théodore de Sevin était à peine orienté sur ses nouveaux domaines, qu'il perdit sa bonne épouse, Dame Gabrielle-Jeanne de Naurois, après une très courte maladie (2 août 1889).

Abîmé par la douleur, il ne tarda pas à succomber à son tour ; il fut enlevé presque subitement, victime d'une épidémie d'influenza (le 10 janvier 1890).

Les époux de Sevin moururent encore jeunes, laissant leur famille au désespoir ; ils n'eurent pas le temps de pratiquer le bien qu'ils étaient appelés à faire.

M. Edouard de Sevin, leur fils aîné, a recueilli le château de Marmande dans la succession de sa mère ; il est aussi l'héritier d'une belle tradition d'honneur et de vertu.

M. Edouard de Sevin a terminé sur son domaine l'exécution du programme de ses prédécesseurs, en lui donnant des limites solides et bien indiquées : le Touch, la voie ferrée d'Auch, le chemin de Lardenne et la route de l'Isle.

FAMILLES DE TRAVAILLEURS

L'histoire de Saint-Martin, au point de vue du travail et du progrès matériels, comprend trois périodes bien distinctes : 1° les temps anciens, depuis l'origine de la paroisse jusqu'en 1600 ; 2° le moyen âge, depuis l'an 1600 jusqu'à la Révolution ; et 3° l'époque contemporaine jusqu'à nos jours,

La première période correspond à la formation lente et pénible du village; la deuxième à son grand développement; et la troisième à sa constitution définitive.

1° TEMPS ANCIENS (de 1300 à 1600).

Les temps anciens, qui embrassent plus de trois siècles, sont pleins d'obscurité au début, comme la fondation de la plupart des villes. Il est certain pourtant que Guillaume Prim fut le premier colonisateur de Saint-Martin de Layrac. A partir de l'année 1300, il donne à fief une vingtaine de petits champs, situés autour de l'église, à divers ouvriers de Toulouse, qui vinrent aussitôt les cultiver et y récolter des légumes ou des fruits, selon leurs besoins. Ces ouvriers se retiraient tous les soirs en ville ; mais ils ne tardèrent pas à construire sur leurs jardins des abris qu'ils transformèrent peu à peu en véritables maisons. Ils se décidèrent, plus tard, à les habiter et formèrent ainsi le noyau du village.

Nous avons été assez heureux pour découvrir un certain nombre de ces baux à fiefs, dans lesquels nous avons relevé les noms suivants : Paul Mula, tailleur, de la Dalbade ; Jacques Boulanger, de Saint-Cyprien ; Jean Colet, logé rue des Tisserands de lin ; Pierre Sanglorii, près de l'église Saint-Nicolas ; Bernard Vernèque, près des Frères prêcheurs ; Arnaud Nayx, charpentier, etc...

Au quinzième siècle, nous avons trouvé des familles de laboureurs occupées à défricher le sol et résidant à Saint-Martin. Citons d'abord les ouvriers à gages attachés aux grandes propriétés : Mazeilhe, à Bourgade ; Michel Darbon, à Bordeblanche ; Jean Ahliot, à Saint-Aubin ; Le Page, à Rouleau ; Raymond Laveyria, à Labouriette ; et Deltil, sur le domaine de Madona Guirauda Rasponda.

On trouve aussi, à la même époque, quelques tra-
vailleurs libres ou petits propriétaires qui habitaient le
village : Domenge Salères, Johannot, son gendre, Vital
Gayssie, la famille Brissonnet, Bernard Ruffat, barbier,
Johannot Ynart, Léonard Rolland, la famille Bessières,
Jean Campa et Jean Pague.

Au commencement du seizième siècle, il y avait déjà,
près de l'église, un certain nombre d'habitations occupées par : Jean Noguier, forgeron, et ses frères; la
famille Brissonnet, Dominge Cavalier, Arnaud Capdeville, Jacques Fermat, prêtre, et ses frères, Jean et
Dominique Fourcade, Pierre Espanhet, prêtre, et
Guillaume Duvilla.

Vers la fin du même siècle, le village, un peu agrandi,
comptait autour du clocher vingt-sept maisons, en
deux groupes séparés par la route de l'Isle. Elles
étaient habitées par les travailleurs dont les noms
suivent : Jean Delor, Michel Salères, Antoine Morail,
Berthomieu Saint-Antony, Jean Ciry, Jean de Lasmon-
ges, Jean Castain, Guillaume Noguier et Jean Pendaries, d'une part; Claire Rivière, Bernard Lafont, Dominge Lannes, Jean Josse, Pierre Roudés, Pierre Fourcade, Pierre et Antoine Gareich, Pinelle et Philippe
Turroque, Denis Carron, Jean Belin, Bertrand Bessières
et François Bedoch, d'autre part. Ce dernier groupe
était situé entre la route de l'Isle et le Touch. Les maisons étaient très petites, bâties en terre et sans fenêtres;
la population était de deux cents âmes environ.

Cette augmentation était due aux premières concessions à fief faites par les Clarisses et au morcellement
des biens de la Cassanette, de la Bordeblanche, de Rouleau et du domaine de Madona Guirauda Rasponda.
Les familles qui prirent part à la division de ces propriétés furent : les Brissonnet, les Fourcade, les Noguier, Jean Belin, Michel Campa, Géraud Barre, Ber-

trand Bessières, Denis Carron, Jean Barlet, Pierre Bauduer, Jean Darbon, Colin et Pierre Page.

2° MOYEN AGE (de 1600 à 1789).

Pendant le moyen âge de Saint-Martin, qui comprend à peu près deux siècles, la propriété fut subdivisée en de très nombreux petits fiefs et transformée par une nouvelle culture. Le cadastre de 1690 contient déjà cinq cent vingt-neuf articles et celui de 1785, environ treize cents articles. Les principaux auteurs de cet accroissement furent : Charles de Cheverry, Pierre Doujat et Maynard de l'Estang, au dix-septième siècle. Les frères Campgrand et Charles de Bessières, au siècle suivant, subdivisèrent aussi leurs biens.

Les deux premiers distribuèrent leurs terres pour la construction de nouvelles maisons autour de l'église, à la suite de celles qui existaient déjà, et attirèrent ainsi une population considérable, qui vint du dehors pour former une nouvelle génération. Les trois derniers cédèrent de leur côté, dans la campagne éloignée, des champs pour la culture de la vigne. Il furent la cause tous ensemble d'une importante immigration vers notre pays, qui éleva à cinq cents le nombre des habitants vers 1700, et à neuf cent cinquante, en 1791. Il serait difficile de désigner toutes les familles qui vinrent se fixer à Saint-Martin pendant ces deux siècles. Nous ne citerons d'abord que celles qui se sont éteintes avant 1800, nous réservant de donner ensuite de plus amples détails sur celles que nous avons connues.

Parmi les noms qui ont disparu avant le dix-neuvième siècle, nous avons relevé les suivants :

Dans le sixième *moulon :* Bergès, Bagneris, Siris, Donat, Lacaze, Dargelès, Bordes, Averan, Jolibert.

Dans le septième *moulon* : Carrière, Cordes, Conquet, Bontat, Boué, Prades, Barthe, Tranier, Lapeyre, Turle, Galinat, Capus, Dupuy, Clavé, Teulet, Mazères, Massé, Galut, Cluzet, Lalanne, Marseillac, Noè, Campa, Esparceil.

Dans le huitième *moulon* : Bonhomme, Sacresta, Auzel, Roudoules, Peyre, Duclos, Bex, Peyronnet, Marceille, Escot, Biscons, Lizos, Daussat, Bonnel Boubènes, Bador, Estabielle, Duclerc, Riquet, Denos, Lafitte, Abadie et Vignaux.

Dans le neuvième *moulon* : Lansac, Cazères, Alibert, Chevalier, Jiles, Fougasse.

Dans le dixième *moulon* : Baron, Cayla, Assalit, Lacoste, Garrigues, Trégan, Gauja, Coumet, Bonneval, Catala.

Nous avons également remarqué que plusieurs familles ayant disparu avant 1800, ont été remplacées peudant le dix-neuvième siècle par d'autres portant le même nom, sans qu'il y ait entre elles aucun lien de parenté ; telles sont les maisons : Bégué Molinier, Vidal, Cassagne, Azèma, Izard, Andrieu, Mouchet, Garric, Cazeneuve, Amiel, Lachambre, Martres, etc.....

3° PÉRIODE CONTEMPORAINE.

Avec cette dernière période commence un nouveau régime sur la propriété. Ce régime qui a pour base l'affranchissement des rentes, et la possibilité de jouir librement des biens, n'a produit en certains endroits qu'un avantage illusoire. Mais autour des grandes villes, la nouvelle législation a réellement transformé la fortune publique. On a vu à Saint-Martin par exemple, les grands domaines se diviser promptement et tomber aux mains de petits propriétaires qui en ont tiré un excellent parti. Ce nouvel état de choses a provoqué un redoublement d'activité chez les cultivateurs intelligents, qui n'ont pas tardé à s'emparer de la plus grande partie du territoire. Ceux-ci, ne pouvant d'autre part suffire à leur besogne ont appelé à leur aide une collection d'ouvriers, qui sont venus des villages voisins augmenter encore notre population. Elle comprend aujourd'hui, d'après le dernier recensement, deux cent cinquante ménages et mille habitants environ. Il est juste d'ajouter que l'industrie du blanchissage du linge, qui se pratique à Saint-Martin sur une vaste échelle. occupe aussi un grand nombre d'onvrières étrangères. Cette industrie est la principale ressource du village et la raison de l'aisance relative dont il jouit.

Les premières propriétés exposées en vente furent naturellement les biens saisis par la Révolution. L'Etat n'avait que faire de ces biens et désirait les réduire au plus tôt en espèces, pour éteindre la dette nationale. Les gens avisés et peu scrupuleux profitèrent de cette aubaine ; ils achetèrent ces biens à des conditions avantageuses. Pourtant, la plupart n'étaient pas tranquilles, à cause de la critique dont ils furent l'objet dans les premières années. La situation de ces propriétaires s'est régularisée, depuis que le clergé touche l'indemnité qui lui est allouée par l'Etat, la noblesse ayant aussi accepté le milliard distribué par la Restauration.

Le domaine des Clarisses fut vendu en 1791, par adjudication et en trois lots ; la propriété des Cordeliers de Saint-Antoine du Salin et la maison curiale, chacune en un seul lot.

La première propriété, qui fut vendue en parcelles, à l'amiable, fut celle de Lespécière, dans les dernières années du dix-huitième siècle. Furent ensuite divisées les métairies de Labouriette, en 1832 ; de Barlet, en 1858, et de Roger, en 1868. Les biens de Chabanassy, du

Peyrot, de Rouleau, de Layrac et de Montfort ont été entamés tout récemment.

On voit par cet exposé rapide les progrès faits par la petite culture, et le bouleversement qui s'est opéré depuis cent ans sur la propriété de Saint-Martin. Nous allons énumérer, en terminant, les noms des travailleurs qui ont vécu dans ce dernier siècle et qui ont contribué à cette transformation. Nous ne citerons, toutefois, que ceux qui ont eu au moins dix ans de résidence avec leur famille ou qui ont été propriétaires à Saint-Martin, en faisant connaître autant que possible, leur origine. Pour exposer avec plus de clarté le développement les familles nombreuses et anciennes, nous joindrons à l'article qui leur sera consacré un tableau généalogique.

Adoue.

Les frères Bertrand et Jean Adoue, originaires de Cardailhac, canton de Boulogne, sont venus dans le pays comme marchands colporteurs, en 1830.

Ils se sont fixés à Saint-Martin lors du mariage de l'aîné avec Catherine Lapouge, en 1834.

Les frères Adoue ont fait, avec leur commerce et leurs entreprises, une grosse fortune; mais la paroisse ne s'en est pas ressentie.

Amiel.

Famille ancienne très répandue dans les environs de Toulouse. A toutes les époques de notre histoire, on trouve des Amiel domiciliés à Saint-Martin, sans qu'il y ait entre eux aucun lien de parenté. Voici les familles qui sont arrivées dans ces derniers temps :

1º Mathieu Amiel, originaire de Colomiers, marié à Jeanne Raynal, en 1853;

2º Pierre Amiel, de Pujaudran, venu avec sa famille en 1885 ;

3º Jean Amiel, originaire de Lévignac, s'est établi à Saint-Martin en 1868, par son mariage avec Bernarde Grimaud. Il a laissé un fils nommé Pierre, qui a épousé Marguerite Delaux, en 1894 ;

4º Guillaume Amiel, originaire de Fontenilles, s'est établi à Saint-Martin en 1888, lors de son mariage avec Jeanne Busquières.

Andrieu.

Eugène Andrieu, tonnelier, originaire de Lafourguette, s'est établi à Saint-Martin en 1883, lors de son mariage avec Claire Lacombe.

Arbus.

Pierre Arbus, maréchal-ferrant, originaire de Larra, commune de Grenade, vint à Saint-Martin, lors de son mariage avec Françoise Toulouse, en 1854. Il a laissé une fille et un fils nommé Guillaume.

Arnaud.

Jean Arnaud, originaire de Clermont, canton de Castanet, s'est fixé à Saint-Martin en se mariant avec Françoise Lavéda, en 1860.

Aubrespin.

Antoine Aubrespin, originaire de Montaigut, s'établit à Maubec en 1859. De là, il vint à Saint-Martin avec sa famille en 1871. Il acheta une maison et a laissé une fille et deux fils, Jean et Antoine.

Audol.

Jean Audol, originaire de Pechbonnieu, s'établit à Saint-Martin en 1876, lors de son mariage avec Marie Doumeng.

Auriol.

Jean Auriol, originaire de Léguevin, vint se fixer à Saint-Martin avec sa famille. Il a laissé une fille et trois fils.

Jean épousa Catherine Laxan, en 1867 ; Jean-Marie épousa Guillaumette Guéry, en 1862 ; Joseph épousa Joséphine Ricoutier, en 1863. Ce dernier a laissé deux fils Jean et Pierre.

Azéma.

François Azéma, originaire de Daux, s'est établi à Saint-Martin avec sa famille en 1881.

Bachou.

Antoine Bachou, d'Auribail, canton d'Auterive, vint se fixer à Saint-Martin avec sa famille, en 1845. Il a laissé un fils nommé Guillaume et deux filles.

Barens.

Jean-Guillaume Barens, originaire de Portet, vint s'établir à Saint-Martin, en 1863. Il a laissé de son mariage avec Jeanne-Marie Lajous, un fils nommé Jean et une fille.

Barrié.

Pierre Barrié, charron, originaire de Gratens, vint s'établir à Saint-Martin, en 1833, lors de son mariage avec Jeanne Bouville ; il n'a laissé qu'une fille.

Bascou.

Raymond-François Bascou, originaire de Lamas-quère, s'est établi à Saint-Martin en 1862, lors de son mariage avec Jeanne Bert.

Bédet.

François Bédet, originaire de Saint Lys, est venu à Saint-Martin avec sa famille, en 1887.

Bégué.

Blaise Bégué, originaire de Blagnac, vint se fixer à Saint-Martin en 1856, en se mariant avec Pétronille Gaspard ; il a laissé un fils nommé Jean-Marie.

Bellefin.

Jean-Marie Bellefin, maître tonnelier, originaire de Toulouse, vint s'établir à Saint-Martin, en 1836 ; il fit bâtir une maison au milieu du village. Ancien soldat au 1er régiment de cuirassiers, M. Bellefin était devenu sous-officier et avait reçu la croix de la Légion d'honneur. Il mourut sans enfants, en 1861.

Bélous.

La famille Bélous est arrivée à Saint-Martin au commencement du dix-huitième siècle ; elle s'est distinguée par son dévouement aux œuvres de l'église.

Un de ses membres, François Bélous, dit *Garoufet*, était considéré, en particulier, comme le pilier de la Confrérie depuis sa restauration. Nous joignons à cet article une petite note laissée par M. Marqués, son gendre, qui résume bien son existence. « *Il était né le 15 jan-* « *vier 1780 ; sa vie fut une vie de pénitence et de prière ;* « *il appartenait à plusieurs confréries ou sociétés reli-* « *gieuses : 1o les Pénitents-Gris ; 2o la Sainte-Couronne* « *d'épines ; 3o la Confrérie de Saint-Martin (trésorier) ;* « *4o le Saint-Rosaire ; 5o l'Association du Sacré-Cœur de* « *Jésus et de Marie (zélateur), et 6o la Propagation de la* « *Foi (zélateur). Il mourut après avoir reçu tous les sa-* « *crements et donné jusqu'au dernier soupir avec toute sa* « *connaissance, toutes les marques d'espérance du juste* « *qui rend son âme à son Créateur. Il fut enterré le 7 oc-* « *tobre 1846 ; il repose sous le maître-autel de la nou-* « *velle église, du côté de l'évangile. Signé : Marqués.* »
(Voir tableau I, page 235).

Bert.

Les frères Noël et Etienne Bert vinrent de Lardenne s'établir à Saint-Martin, en 1848. Noël a laissé de son mariage avec Jeanne Libaros deux filles et deux fils nommés Arnaud et Etienne.

Ce dernier a quitté Saint-Martin, mais Arnaud se maria en 1849 avec Marguerite Dufaud et n'a laissé qu'une fille.

Etienne, frère de Noël, se maria avec Elisabeth Cassaigne vers 1835; il a laissé trois filles et un fils nommé François. Ce dernier épousa, en 1857, Guillaumette Mazas, de laquelle il eut deux fils François et Jacques. L'aîné est en ce moment maître-sellier au 6e chasseurs, en garnison à Rouen ; le second est également maître-sellier au 5me hussards, en garnison à Nancy. Les frères Bert ont mérité, tout jeunes encore, ces nominations par leur intelligence et leur bonne conduite.

Bessières.

Famille la plus ancienne et l'une des plus intéressan- de Saint-Martin. En 1487, Antoine, Jean et Barthélemy Bessières, firent diverses reconnaissances en faveur des frères Roaix, sur des terres qui dépendaient de la Cassanette. Cette maison était représentée au commencement du seizième siècle par Bertrand et Dominge Bessières ; un peu plus tard, par Etienne et Vincent Bessières. Ils jouissaient tous d'une petite aisance et possédaient des maisons et des champs dans le village.

Etienne Bessières se maria, le 9 septembre 1523, avec Philippine Fourcade, fille de Dominique Fourcade.

Geoffroy Bessières, qui fut longtemps vicaire-régent de la paroisse, vivait à la même époque. Il y eut ensuite dans cette famille un médecin, Gaspard Bessières, qui mourut à Saint-Martin en 1748. La plupart des descendants ont été des travailleurs ; nous avons trouvé cependant un *fournier* (boulanger), du nom de Jean Bessières, en 1730.

La liste de succession des Bessières, dans les premiers temps, est incomplète à défaut de désignation du nom des femmes. Voici cependant les alliances que nous avons pu relever :

En 1658, Jean Bessières était marié à Antoinette Gleyzes ;

En 1670, Bernard Bessières et Jeanne Tournon, mariés, étaient métayers à Lespécière ;

En 1684, autre Bernard, fils de Jean et d'Antoinette Gleyzes, épousa Paule Berseilles ;

Vers 1700, mariage de Philippe Bessières et Françoise Filouse ;

En 1714, mariage de Vital Bessières et Anne Noé ;

En 1727, mariage de Jean Bessières, fils de Philippe et de Françoise Filouse, avec Marie Truilhé ;

En 1747, mariage de Joseph Bessières et Blaisine Toulouse ;

En 1779, mariage de Joseph Bessières, fils des précédents, avec Jeanne Dardenne. (Voir tableau II, page 235).

Bétous.

Jean-François Bétous, originaire de Sainte-Foy-Peyrolières, vint à Saint-Martin en 1880. Il se maria, en 1883, avec Jeanne Campadieu et devint propriétaire dans le village.

Bié.

Deux frères de ce nom, originaires de Colomiers, se *sont établis à Saint-Martin avec leurs familles :*

1° François Bié est venu en 1853 ; il a laissé un fils nommé Bertrand et des filles ;

2° Raymond est venu en 1855, lors de son mariage avec Anne Lafont ; il n'a laissé qu'une fille.

Bonnelasbays.

Jean-Pierre Bonnelasbays, originaire de Colomiers, vint se fixer à Saint-Martin en se mariant avec Antoinette Couderc, en 1855. Il a laissé un fils qui a quitté le village.

Bonnemaison.

Jean-Louis Bonnemaison, originaire de Blagnac, vint se fixer à Saint-Martin en 1850, lors de son mariage avec Catherine Dantin.

Bonnevie.

Bertrand Bonnevie, originaire de Larra, commune de Grenade, s'est établi à Saint-Martin, avec sa famille, en 1864. Il a laissé une fille, et un fils nommé Raymond, qui habite Tarbes.

Boutet.

Raymond Boutet, originaire de Vieille-Toulouse, s'est établi à Saint-Martin, avec sa famille, en 1878.

Les frères Pierre et Guillaume Boutet, originaires de Plaisance, sont venus en se mariant à Saint-Martin, le premier avec Marie Cazaux, en 1890, et le second avec Anna Cazaux, en 1892.

Bouteu.

Blaise Bouteu, originaire de Saint-Simon, vint à Saint-Martin en 1867. Il devint contre-maître de la maison Marignac et s'établit définitivement dans une maison qu'il fit bâtir sur la route de Toulouse.

Bouty.

Léon Bouty, originaire de Ségur, canton de Lubersac (Corrèze), s'est établi à Saint-Martin en 1871, lors de son mariage avec Françoise Rivière.

Bouville.

La famille Bouville, originaire de Galembrun, commune de Launac, est venue à Saint-Martin dans les dernières années du dix-septième siècle. Le premier qui s'y fixa fut Jean Bouville, qui entra comme métayer chez M. Roger d'Ardizas avec sa femme Marie Filiastre. Dans cent ans, la famille se développa considérablement et forma trois grandes branches dont une seule s'est maintenue jusqu'à ce jour. La branche aînée a produit un jeune et dernier rejeton, M. l'abbé Antonin Bouville, qui donnait les plus belles espérances. Élève du petit séminaire de l'Esquile, il y avait fait de bonnes études; la douceur de son caractère lui avait attiré l'estime de ses maîtres et de ses camarades. Il mourut en 1868, à l'âge de vingt ans, entouré d'affection et de regrets. (Voir tableau III, page 236.)

Breil.

Gabriel Breil, originaire de Montgiscard, arriva à Saint-Martin avec sa femme Paule Lacroix vers 1820 et y devint propriétaire d'une maison. Son fils Jacques Breil, né à Aiguesvives, canton de Montgiscard, épousa Marie Escot en 1847. Il a laissé un fils nommé Gabriel, qui a épousé Françoise Durantou en 1871.

Un autre Breil (Bernard), originaire de Beauzelle, vint métayer à Chabanassy, vers 1850, avec ses deux fils : Bernard et Jean. L'aîné épousa Marguerite Dader en 1855 et se fixa à Saint-Martin. Il y a bâti une maison au quartier de Fleurance.

Brousse.

Géraud Brousse, originaire de Lardenne, vint s'établir à Saint-Martin en 1837, en se mariant avec Françoise Toulouse; il n'a laissé que des filles.

Busquières.

Jean-Marie Busquières, originaire de Bragayrac, s'est établi à Saint-Martin avec sa famille, en 1871; il n'a laissé qu'une fille.

Cabau.

Raymond Cabau, originaire de Grazac, canton de Cintegabelle, est venu à Saint-Martin avec sa famille, en 1874.

Cabriforce.

Antoine Cabriforce, originaire de Lardenne, vint s'établir à Saint-Martin en 1824, lors de son mariage avec Antoinette Dantin; il n'a pas laissé d'enfants.

Calvet.

Jean Calvet, de Pibrac, vint s'établir à Saint-Martin en 1833, lors de son mariage avec Marie Tillet; sa famille a quitté le village.

Camboulives.

Jean-Baptiste Camboulives, né à Villenouvelle le 25 mars 1780, se fixa à Saint-Martin en 1821, par son mariage avec Arnaude Fauré. Cette dernière recueillit la maison du Giponier dans la succession de Pierre Fauré, son père, qui était venu de Cornebarrièu. Les époux Camboulives eurent deux fils, Antoine et Antoine-Marie, qui se partagèrent cette maison, en 1856.

Campistron.

Cette famille date de la fin du seizième siècle. Le premier qui est venu à Saint-Martin se nommait Guillaume Campistron et se maria en 1684 avec Jeanne Lafforgue. Cette famille s'est peu développée et n'a formé que deux branches qui sont encore représentées aujourd'hui. (Voir tableau IV, p. 236.)

Candoulives.

Pierre Candoulives, maçon, originaire de Blagnac, s'établit à Saint-Martin en 1862, en se mariant avec Germaine Brousse.

Canihac.

Joseph Canihac, bourrelier, originaire de Puylaroque (Tarn-et-Garonne), s'est établi à Saint-Martin en 1882, lors de son mariage avec Guillaumette Loubet ; il a laissé un fils nommé Louis et une fille.

Caperan.

Famille ancienne de Saint-Martin, dont le chef, François Caperan, était meunier en 1690. Cette maison s'est peu développée relativement ; elle a produit une branche qui se fixa au Ramassiès et plus tard à Tournefeuille. Deux autres branches s'établirent à Toulouse et à Léguevin. Le dernier représentant a été Jean-Bertrand Caperan, qui se maria en secondes noces avec Françoise Loubet et n'a laissé qu'une fille.

Un autre Caperan (Adrien), issu d'une famille originaire de Montbernard, canton de l'Isle-en-Dodon, est venu se fixer à Saint-Martin, en 1891, en se mariant avec Elisabeth Cheynes. (Voir tableau V, p. 237.)

Cassagne.

Jean Cassagne, né à Fabas, canton de l'Isle-en-Dodon, s'est établi à Saint-Martin en 1879, à l'époque de son mariage avec Marie Truillié.

Cassé.

Famille qui s'est très peu développée à Saint-Martin, quoique très répandue dans les environs.

Il y eut un Cassé, propriétaire, en 1690 ; mais il faut arriver en 1801 pour retrouver ce nom. A cette époque,

Guillaume Cassé, fils de Pierre et de Catherine Cassagne, épousa Catherine Laborie. De ce mariage naquit, en 1826, Pierre Cassé, qui épousa, en 1855, Jacquette Pénouillères et mourut sans enfants.

Castéra.

Deux frères Castéra, originaires de Saint-Quirc (Ariège), se sont mariés et fixés à Saint-Martin.

1º Pierre, épousa Marie Gineste, en 1873 ;

2º Alexandre, épousa Mathilde Esquirol, en 1876.

Les deux familles sont propriétaires dans le village.

Caubet.

Bernard Caubet s'établit à Saint-Martin en 1807 , lors de son mariage avec Marie Fourtané ; il n'a laissé que deux filles.

Cazeneuve.

Bernard Cazeneuve, volailler, originaire d'Espaon, canton de Lombez, s'est établi à Saint-Martin avec sa famille, en 1897.

Au commencement du siècle, existait une autre famille Cazeneuve, dont le chef était meunier et se nommait Guillaume ; elle possédait plusieurs immeubles dans le village.

Chanteloup.

Gaspard Chanteloup, originaire de Tournefeuille, vint s'établir à Saint-Martin avec sa famille, en 1838 ; il n'a laissé que deux filles.

Charles.

Jean Charles, originaire du Mas-Grenier, s'est établi à Saint-Martin en 1885, lors de son mariage avec Françoise Décamps.

Chassereau.

Jean Chassereau, originaire de Saint-Lys, est venu à

Saint-Martin lors de son mariage avec Marie Rivière, en 1891.

Chaumeton.

Il y a eu trois familles de ce nom qui sont venues de Cornebarrieu à Saint-Martin.

1° Etienne Chaumeton, qui devint propriétaire en 1695, par son mariage avec Domenge Lafont. Il laissa un fils, autre Etienne qui épousa Jeanne Saint-Laurent en 1718.

2° Jean-Pierre Chaumeton épousa Arnaude Fourment, et de ce mariage naquit Antoine Chaumeton, qui se maria en 1822, avec Bernarde Cassé, et plus tard avec Alexandrine Triadou.

3° Raymond Chaumeton, marié avec Jeanne Rivière, au commencement du dix-neuvième siècle. Il eut un fils nommé Jean-Pierre, qui épousa Marie Maillés en 1823. De ce mariage naquirent une fille et deux fils, Joseph et Vital. Joseph épousa Laurence Lafont en 1851, et Vital épousa Catherine Maupas en 1863. Joseph a eu une fille et un fils, nommé Jean-Marie, maître-perruquier, qui s'est établi à Eauze (Gers), avec Sydonie Labadens, son épouse, en 1896.

Clamens.

Antoine Clamens, originaire de Saint-Sauveur, canton de Fronton, vint à Saint-Martin avec sa femme, en 1845. Il a laissé quatre fils, dont le plus jeune nommé Jean est seul resté dans le village.

Claverie.

Pierre Claverie, originaire de Mérenvielle, canton de Léguevin, s'est établi à Saint-Martin, en 1875, lors de son mariage avec Anna Lacombe ; il y a bâti une maison.

Cocher.

Jean Cocher, originaire de Labastide-Beauvoir, vint

s'établir à Saint-Martin avec sa famille, en 1872 ; il a laissé un fils nommé François et deux filles.

Collongues.

Antoine Collongues, tonnelier, originaire de Colomiers, épousa en 1815 Jeanne Dufaud et vint se fixer à Saint-Martin. Il laissa une fille et un fils nommé Raymond qui est mort sans enfants.

Coulom.

Jean Coulom, né à Plaisance, s'est établi à Saint-Martin en 1876, lors de son mariage avec Pétronille Bouville.

Cousture.

Joseph Cousture, tailleur d'habits, originaire d'Aussonne, vint s'établir à Saint-Martin en 1803, lors de son mariage avec Jeanne Sicres. Il laissa un fils nommé Antoine qui fut le premier suisse de l'église et mourut sans enfants.

Autre Cousture (Etienne), originaire de Colomiers, s'installa à Saint-Martin avec sa famille, en 1863 ; il n'a laissé que des filles.

Crambat.

Cette famille date du milieu du dix-huitième siècle. Le premier qui s'établit à Saint-Martin, fut Jean Crambat, fils d'Antoine et de Jeanne Pérès ; il épousa Jeanne Dénémix, en 1753, et occupa la place de métayer à Lespécière. (Voir tableau VI, p. 237.)

Dader.

Denis Dader, tisserand, originaire de Fabas, canton de l'Isle-en-Dodon, vint s'établir à Saint-Martin, en 1830, peu de temps après son mariage avec Jeanne Delapart. Il a laissé une fille et deux fils : Charles et Jean. Ce dernier est seul resté dans le village et y est mort, laissant une fille et un fils nommé Etienne.

Daillet.

Arnaud Daillet, fils de François et de Jeanne Vié, épousa Elisabeth Grimaud, en 1830. Il ne laissa qu'un fils nommé Jean qui fut garde-champêtre sous la troisième République, et qui avait épousé Françoise Sénac, en 1851.

Dangoumeau.

Pierre Dominique Dangoumeau, tailleur d'habits, originaire de Doazit (Landes), épousa, en 1827, Marie Sicres. Il eut un fils nommé Joseph qui se maria, en 1843, avec Marie Gaspard et qui fut le premier chef de la musique du village, en 1848,

Dantin.

Cette famille, une des plus anciennes de Saint-Martin, remonte au commencement du dix-septième siècle. Elle a joué un grand rôle dans les affaires de la paroisse; et, en dernier lieu, elle a donné à l'Eglise un prêtre de grand mérite. M. l'abbé Raymond-Jacques Dantin. Né le 28 juin 1852, il manifesta, dès sa jeunesse, un goût particulier pour les exercices religieux. Il entra de bonne heure à la succursale du séminaire et y fit d'excellentes études. Il fut bientôt remarqué par le vénérable supérieur de cette maison, le R. P. Chastain, qui prit le plus grand soin de son éducation et lui voua un profond attachement. Ordonné prêtre en 1877, M. Dantin fut nommé vicaire au Taur; et, bientôt après, à Saint-Exupère. C'est là qu'il succomba, à l'âge de 33 ans, au moment où il était prêt et bien disposé pour la mission pastorale. La Providence a voulu lui épargner, sans doute, les peines qui accablent aujourd'hui les bons prêtres; mais il a imposé une grande épreuve à sa famille et à ses nombreux amis. (V. tabl. VII, p. 238.)

Darbas.

Jean-Marie Darbas, originaire de Tourtouse (Ariège), s'est installé à Saint-Martin, en se mariant avec Guillaumette Griffou, en 1896.

Dargent.

Antoine Dargent, originaire d'Auterive, est venu à Saint-Martin avec sa femme, en 1873; il y est aujourd'hui propriétaire.

Darnaud.

Jean Darnaud, originaire de Saint-Ybars (Ariège), est venu à Saint Martin avec sa famille, en 1885.

Darolles.

Jean Darolles, de Lardenne, vint se fixer à Saint-Martin, en 1834, lors de son mariage avec Jeanne Loubet; il n'a laissé qu'une fille.

Autre Darolles (Jean-Baptiste), frère du précédent, né à Mondonville, s'établit à Saint-Martin en 1853, en se mariant avec Jeanne Escot; il a laissé un fils nommé Jean.

Dassilbe.

Dominique Dassilbe, d'origine portugaise, faisait partie des armées alliées qui prirent part à la bataille de Toulouse, en 1814. A la fin des hostilités, il resta dans le pays et se fixa à Saint-Martin, en 1824, lors de son mariage avec Elisabeth Dantin; il est mort sans enfants.

Daubert.

Le premier Daubert, inscrit dans nos annales, est un nommé Bernard qui, en 1665, prit à locatairie perpétuelle un demi arpent de terre, dépendant de la métairie de la Cassanette.

Cette famille se fixa définitivement à Saint-Martin

en 1691, par le mariage de Vital Daubert avec Jacquette Toulouse; elle s'est multipliée considérablement au commencement du dix-neuvième siècle. — (Voir Tableau VIII, page 239.)

Décamps.

Paul Décamps, originaire de Samatan, par sa mère, s'est fixé à Saint-Martin en se mariant avec Catherine Lafont, en 1859.

Autre Décamps (Laurent), originaire de Fonsorbes, s'est établi à Saint-Martin, en 1891, lors de son mariage avec Marie Izard.

Delapart.

Jean-Marie Delapart, originaire de Colomiers, vint se fixer à Saint-Martin en 1833, en se mariant avec Guillaumette Caperan. Il a laissé quatre enfants qui ont quitté le village à des époques différentes. Un de ses petits enfants, Jean Delapart, fils d'Henri, poursuit, comme musicien, une brillante carrière. Lauréat du Conservatoire de Paris, il fait partie de la musique de la Garde républicaine et de l'orchestre du grand opéra.

Autre Delapart (Jean), tisserand, originaire de Colomiers, vint s'établir à Saint-Martin vers 1830; il a laissé un fils, nommé Denis, qui habite Toulouse, et une fille mariée à Jacques Sévérat.

Delaux.

Famille ancienne du pays, qui n'a habité le centre du village qu'au commencement du dix-neuvième siècle. Tous ses représentants étaient autrefois laboureurs et placés comme métayers dans les métairies voisines. La tige principale de la maison est restée constamment sur la paroisse, au service des Clarisses à Layrac, Montfort ou Labouriette; mais les collatéraux s'étaient répandus à Blagnac, Saint-Michel-du-Touch et Colomiers. Nous en avons trouvé encore à Cornebarrieu, à Saint-Lys, Cugnaux et Portet.

Depuis la division des grandes propriétés, ils ont travaillé pour leur propre compte et partagé le sort des habitants du village. M. le Docteur Delaux s'honore de descendre d'une branche cadette de cette famille de braves et vaillants travailleurs,

M. Simon Delaux, horticulteur, descend aussi d'une branche collatérale de cette famille. Il a fondé un établissement dont les produits ont une réputation universelle. Les hautes récompenses que M. Delaux a obtenues dans les expositions d'Europe, témoignent suffisamment en faveur de son mérite. (Voir les tableaux de IX à XI, pages 240, 241 et 242.)

Delibes.

Cette famille ne date que du commencement du dix-huitième siècle ; elle s'est peu développée. Le premier qui entra à Saint-Martin fut Bernard Delibes, de Saint-Michel-du-Touch, qui épousa Jeanne Bordes en 1716. Voici l'ordre de succession de ses descendants, de père en fils :

1° Vital Delibes, qui épousa Jeanne Rolland en 1746 ;

2° Jean Delibes, marié à Françoise Caperan en 1780 ;

3° Pierre Delibes, qui épousa Marie Durantou en 1826 ;

4° Jean Delibes, marié à Arnaude Durantou en 1851.

Ce dernier a laissé deux fils, Pierre et Pierre-François ; le premier a épousé Martine Martinet, en 1877. Pierre-François a embrassé la carrière militaire. Entré numéro 1 à l'Ecole de Joinville, il a eu encore le premier rang à la sortie ; il est en ce moment maître d'armes au 5ᵐᵉ escadron du train, à Fontainebleau.

Delort.

Pierre Delort, originaire d'Odars, canton de Montgiscard, vint à Saint-Martin avec sa famille en 1830.

François Delort, fils du précédent, est né à Saint-Martin en 1840. Devenu grand, il quitta le pays pour occuper un emploi à Tournefeuille. En 1869, il acheta une maison à Fleurance, qu'il habite depuis 1878.

Dénémix.

Une des premières familles qni vinrent peupler Saint-Martin au commencement du dix-septième siècle. En 1620 et 1631, Jean Dénémix tenait déjà des fiefs dans le sixième *moulon*. En 1632 et 1641, Bernard Dénémix fit reconnaissance, en faveur de Charles Du Faur et Charles de Cheverry, de fiefs considérables dans le septième *moulon*.

Cette maison a bien grandi et a pris de tout temps une large part à la vie paroissiale; plusieurs de ses membres ont fait partie des bureaux de nos œuvres. La famille Dénémix comprenait, au dix-septième siècle, trois branches principales, éteintes aujourd'hui ; la deuxième était représentée par M. Marius Dénémix, mort en 1901. Quelques alliances n'ont pu être classées dans les tableaux généalogiques, ce sont : Gabriel Dénémix, marié à Jeanne Dufort, en 1660 ; Pierre, marié à Françoise Cassagnavère, en 1675 ; Guillaume, marié à Jeanne Bourjac, en 1702, et Jean-Pierre, marié à Guillamette Averan, en 1714. (Voir les tableaux de XII à XIV, pp. 243 et 244.)

Dévézy.

Cette famille n'a habité Saint-Martin que depuis le dix-huitième siècle; elle a été représentée en dernier lieu par :

1° Antoine Devézy, qui épousa Arnaude Grimaud en 1802; 2° Pierre Devézy, fils d'Antoine, qui épousa Arnaude Lafont en 1829 ; 3° Pierre Devézy, frère du précédent, qui épousa Catherine Trantoul, en 1834; 4° Antoine Devézy, qui naquit de ce mariage en 1835. Cette famille a quitté le village depuis longtemps.

Deviller.

Louis Devilier, originaire d'Oloron-Sainte-Marie (Basses-Pyrénées), s'établit à Saint-Martin en 1871; il y a bâti une maison dans laquelle il a fondé un atelier de quincaillerie, en 1876.

Dispans.

La famille Dispans est originaire de Travers, paroisse annexe de la commune de Sainte-Marie, canton de Gimont. Jean Dispans, fils de Bernard et de Marie Cazaux, vint à Saint-Martin en 1780 et se plaça domestique chez M. le curé Roger. Il se maria le 6 février 1787 avec avec Françoise-Dorothée Laxan, fille de Jean Laxan et de Jacquette Bergès, et mourut en 1823, à l'âge de 66 ans.

Autre Jean Dispans, fils du précédent, épousa Arnaude Lafont, en 1816; ce dernier eut un fils nommé Jean, qui épousa Anna Jalama, en 1872, et mourut sans enfants.

Dorbes.

Cette famille n'est dans le pays que depuis peu de temps. Jérôme Dorbes, originaire de Montesquieu-sur-le-Canal, vint s'établir à Maubec, en se mariant avec Bernarde Delaux, en 1832.

Son second fils, Jean Dorbes, s'établit à Saint-Martin, en 1869, en se mariant avec Anne Bélous. Il a laissé deux fils : Pierre marié avec Anne Durantou, en 1897, et Raymond.

Doumeng.

Jean Doumeng, originaire de Lahitère, canton de Montesquieu-Volvestre, vint se fixer à Saint-Martin,

en 1848, lors de son mariage avec Françoise Lacroix.
Il a laissé trois filles et un fils nommé Casimir, qui a
quitté le pays.

Dublé.

Jean Dublé, originaire de Drudas, canton de Cadours,
vint s'établir à Saint-Martin, en 1815, en se mariant
avec Marie Toulouse. Honoré Dublé, son fils, épousa
Jeanne Granadel, en 1839, et quitta le village bientôt
après pour se fixer à Colomiers.

Ducros.

Deux familles de ce nom ont élu domicile à Saint-
Martin, dans le dix-neuvième siècle :

1° Louis Ducros, boucher de Cornebarrieu, par son
mariage avec Joséphine Thomasse Marignac, en 1859 ;

2° Jean Ducros, aussi de Cornebarrieu, s'est établi à
Saint-Martin avec son fils Jean, en 1857.

Dufaud.

Cette famille est très ancienne dans le pays. Le premier connu est Mathieu Dufaud, originaire de Ségreville ; il se maria à Saint-Martin en 1668, avec Arnaude
Pagès. Vint ensuite Jean Dufaud, qui épousa Bernarde
Desclaux, en 1680. Cette maison a eu une certaine importance pendant tout le dix-huitième siècle et s'est
éteinte vers le milieu du dix-neuvième siècle.

Une seconde famille Dufaud est entrée à Saint-Martin avec Samson Dufaud, originaire de Lardenne. Il
épousa Domenge Durantou, en 1845, et a laissé un fils
nommé Jules, qui s'est marié en 1885 avec Jeanne Durantou.

Un troisième Dufaud (François), originaire de Saint-
Thomas, canton de Saint-Lys, s'est établi à Saint-Martin
en 1877, en se mariant avec Louise Delaux (Voir tableau XV, p. 244.)

Duffas.

Jean-François Duffas, charron, originaire de Lussan, canton du Fousseret, s'établit à Saint-Martin en 1871, et se maria l'année suivante avec Jeanne Durantou. Il a laissé un fils nommé Marcelin, qui est en ce moment professeur à l'école primaire supérieure d'Aubin (Aveyron).

Dumas.

Bernard Dumas, originaire de Campbernard, s'est établi à Saint-Martin avec sa seconde femme Jeanne Claudia, en 1888.

Dumaux.

Pierre Dumaux, originaire de Cornebarrieu, fut nommé garde-champêtre à Saint-Martin, sous le second Empire; il devint propriétaire bientôt après.

Autre Dumaux (Antoine), de Blagnac, vint avec sa famille comme jardinier au château de Marmande, en 1863. Il a bâti au village une maison qu'il habite depuis 1896.

Dumouch.

Paul Dumouch, originaire de Brax, s'est établi à Saint-Martin en 1890, en se mariant avec Anne Séguéla.

Durand.

Pascal Durand, de Pibrac, s'est établi à Saint-Martin avec sa famille, en 1886, et y a acheté une maison.

Durantou.

Famille considérable qui date du milieu du dix-septième siècle. Peu nombreuse au début, elle prit un grand développement au commencement du dix-neuvième siècle. Elle a été surtout remarquable par son attachement à l'Eglise; plusieurs de ses membres ont rempli avec zèle divers emplois dans les œuvres paroissiales. M. Jean Durantou, employé dans l'administration des postes et télégraphes, est sorti de la branche aînée de cette famille. (Voir tableaux XVI et XVII, pages 245 et 246.)

Esquerré.

Jean-Louis Esquerré, originaire de Sirac (Gers), vint s'établir à Saint-Martin avec sa famille, en 1849. Il a laissé un fils nommé Victor, qui habite Toulouse, et trois filles qui sont restées dans le village.

Estadens.

Jean-Baptiste Estadens, charron, originaire de Baziège, vint s'établir à Saint-Martin, en 1866, en se mariant avec Guillaumette Barrié.

Fauré.

Famille de laboureurs, qui ont longtemps habité les métairies du village; en 1684, Pierre Fauré, marié à Guillaumette Lafont, était métayer à Montfort. Ses descendants furent plus tard à Layrac; mais le noyau de la famille occupa pendant plus d'un siècle la métairie de Chabanassy, où la plupart de nos contemporains sont nés. Cette famille a beaucoup prospéré; elle est encore aujourd'hui dignement représentée. (Voir tableaux XVIII et XIX, pages 247 et 248.)

Ferré.

Pierre Ferré, volailler, originaire de Laffite-Vigourdane, canton du Fousseret, se fixa à Saint-Martin, en 1845, et y devint propriétaire; il mourut, sans enfants, en 1865.

Ferrié.

Jean Ferrié, originaire de Colomiers, s'est établi à Saint-Martin, en 1854, lors de son mariage avec Jacquette Jambert.

Figarède.

Famille très ancienne qui a pris rang à Saint-Martin vers le milieu du dix-septième siècle. Déjà, en 1624, Bernard Figarède avait succédé à Jean de las Monges sur un fief du *neuvième moulon*.

La branche aînée de cette maison a produit un vénérable ecclésiastique, M. Jacques Figarède, qui est resté en contact presque toute sa vie avec la paroisse. Après avoir exercé son ministère comme vicaire, à Colomiers, et en qualité de curé à Gaure, canton de Verfeil, il se retira de bonne heure auprès de sa mère infirme. Il fut un modèle de correction et de piété et passa ses derniers jours à faire du bien autour de lui.

M. Jean Figarède, l'honorable receveur de l'Asile de Braqueville, descend de la branche cadette.

Les premiers membres de la famille Figarède qui n'ont pas pu être classés à défaut de désignations suffisantes, sont :

Antoine Figarède, marié à Cécile Bessières, en 1657 ;

Jean Figarède, marié à Bernarde Demblans, en 1660 ;

Arnaud Figarède, marié à Jéanne Lafont, en 1665, et Bernard Figarède, marié à Catherine Mazères, en 1690. (Voir tableaux XX et XXI, pages 249 et 250.)

Fitte.

M. Dominique Fitte, originaire de Moulis, canton de Saint-Girons, devint propriétaire à Saint-Martin, en 1850, en se mariant avec Anne Dénémix.

Pendant le temps de sa résidence dans le village, il eut un fils, en 1851, qui reçut le nom de Pierre-Auguste et qui a épousé, en 1896, Demoiselle Eulalie Méda.

Fontés.

Trois frères de ce nom se sont établis à Saint-Martin depuis peu :

1° Pierre Fontès, né à Colomiers, est venu en 1884 ;

2° Paul, né à Blagnac, est venu en 1885; il est mort sans enfants en 1901 ;

3° Laurent, né à Blagnac, est venu en 1886.

Fort.

Dominique Fort, originaire de Pelleport, canton de Cadours, acheta une maison et vint s'établir à Saint-Martin, avec sa famille, en 1874. Il a laissé une fille qui a épousé Lambert Azéma, en 1885.

Fourment.

Cette famille, qui n'est pas trop ancienne, a eu pour spécialité la culture des arbres et la décoration des jardins. Le premier de ce nom que nous ayons trouvé est Guillaume Fourment, qui possédait une maison et un jardin, à Saint-Martin, en 1730. Après lui viennent : Pierre Fourment qui épousa Louise Bouville, en 1746, et Antoine Fourment, fils de Pierre et d'Arnaude Toulouse, qui épousa Marie Dénémix, en 1783.

Les frères Pierre et Etienne Fourment, *arboristes*, vivaient au moment de la Révolution. Le premier laissa trois fils : Antoine, Joseph et Guillaume ; ce dernier a laissé un fils nommé Henri.

Etienne Fourment, ne laissa qu'un fils nommé Jean-Pierre, qui épousa Anne Baylac en 1825.

Une autre famille de ce nom a vécu de nos jours à Saint-Martin : Pierre Fourment, jardinier au château d'Ardizas, épousa Germaine Delaux en 1805, et se fixa dans le village. Il eut un fils nommé Antoine, qui s'établit à Lardenne et se maria avec Elisabeth Massé, en 1832. De ce mariage est né Pierre Fourment qui a épousé Rose Ayroles, en 1855.

Fournier.

Jean Fournier, originaire de Dremil-Lafage, s'est établi à Saint-Martin, avec sa famille, en 1878, et y est devenu propriétaire ; il a laissé un fils nommé Bernard.

Fourtané.

Famille très ancienne, originaire de la paroisse de Saint-Nicolas de Toulouse. Henri Fourtané, le premier qui vint à Saint-Martin, fut marié avec Catherine Labarthe, dans la petite chapelle des Clarisses de Layrac, le 25 novembre 1658.

Cette famille s'est peu développée et s'est éteinte avec Antoine Fourtané, qui mourut en 1858, à l'âge de 90 ans. (Voir tableau XXII, page 250.)

Franck.

Pierre Frank, originaire de Lardenne, s'est établi à Saint-Martin en 1888, lors de son mariage avec Bernarde Séverat.

Garres.

Bertrand Garres, originaire de Cornebarrieu, est venu à Saint-Martin en 1866, en se mariant avec Gabrielle Séverat. Il a eu quatre enfants dont deux fils, Antoine et Pierre, déjà établis dans le village.

Garric.

Pierre Garric, charron, originaire de Montaudran, vint s'installer à Saint-Martin en 1888, en rentrant du service militaire. Il s'est marié avec Marie Viala, et a fait bâtir une maison où il a transporté son atelier, en 1896.

Gaspard.

Cette famille est originaire de Cornebarrieu ; Jean Gaspard, vint métayer à Layrac avec sa famille, en 1824 ; il passa à Rouleau, dans les mêmes conditions, en 1854.

Autre Jean, fils du précédent, s'établit au village avec sa famille en 1863, après la mort de son père ; il se maria avec Louise Delpech. Ces derniers ont eu un fils nommé aussi Jean, qui a épousé Pétronille Lacombe, en 1861.

Gaubert.

Jean-Antoine Gaubert, originaire d'Ayguesvives, canton de Montgiscard, vint à Saint-Martin avec sa famille, vers 1840. Il a laissé une fille et trois fils : Arnaud, Jacques et Jean-Marie. L'aîné et le plus jeune ont quitté le village pour s'établir à Toulouse ; le second a épousé Rosalie Brousse.

Gautier.

Jean-Baptiste Gautier, originaire d'Escalquens, est venu à Saint-Martin en 1859, comme ouvrier forgeron ; il s'est établi définitivement en 1866, dans une maison qu'il a fait bâtir.

Gélard.

Charles Gélard, originaire de Colomiers, s'établit à Saint-Martin en 1818, en se mariant avec Philippine Cabriforce ; il n'a pas laissé d'enfants.

Gélis.

Antoine Gélis, originaire de Mayreville (Aude), est venu à Saint-Martin, avec sa famille, en 1885. Il a acheté une propriété importante.

Germa.

Antoine Germa, originaire de Gardouch, vint à Saint-Martin avec ses parents, en 1843. Il s'établit définitivement en 1863, lors de son mariage avec Antoinette Vié, dans une maison qu'il avait fait bâtir au village.

Gimac.

Cette famille originaire de Bruguières, date du commencement du dix-huitième siècle. Voici l'ordre de succession de ses représentants, de père en fils :

1° Pierre Gimac, qui épousa Peyronne Dupuy, en 1708 ;

2° Guillaume Gimac, qui se maria avec Jeanne Sizes, en 1741 ;

3° Germain Gimac, qui épousa Jacquette Guillamède, en 1775 ;

4° François Gimac, qui se maria avec Jeanne Figarède, en 1802.

Nicolas Gimac, frère de Germain vivait en 1785, et mourut sans enfants. Cette famille s'est peu developpée et s'est perdue par défaut de descendants mâles.

Griffou.

Gabriel Griffou, originaire de Tourtouse (Ariège), s'est établi à Saint-Martin, en 1869, lors de son mariage avec Jeanne Durantou.

Grimaud.

Famille patriarcale qui date des premiers jours du dix-septième siècle. En 1603, Jean Grimaud tenait un fief dans le septième *moulon* ; vint ensuite Ramond Grimaud, qui possédait un autre fief dans le village. C'est une des maisons qui a produit le plus de rejetons ; déjà très considérable au dix-huitième siècle, elle est encore aujourd'hui honorablement représentée.

Elle a produit de notre temps un homme vénérable, Jean Grimaud aîné, dit *Brouchet,* qui a été pendant un demi-siècle trésorier du Conseil de Fabrique et serviteur zélé de l'église. De la branche principale, est sorti M.-Jean-Marie Grimaud, instituteur communal à Montberon (Voir tableaux de XVIII à XXV, pp. 251, 252 et 253).

Guéry.

Jean-Marc Guéry, fils d'un ancien instituteur de Saint-Martin, naquit à Endoufielle en 1809. Il vint à Saint-Martin avec son père et se maria avec Jeanne-Marie Camp, en 1834. Il eut une fille et un fils nommé Bernard, qui habite Toulouse.

Antoine Guéry, frère du précédent, fixa aussi sa résidence à Saint-Martin et se maria avec Thérèse-Anne Dantin, en 1837.

Guillamède.

Famille ancienne, qui date du dix-septième siècle. Bernard Guillamède, qui en fut le premier représentant, vint se fixer à Saint-Martin en 1672, en se mariant avec Françoise Roudoulès. Ses descendants se sont alliés aux meilleures maisons du village (V. tabl. XXVI, p. 254.)

Guilhem.

Le berceau de cette famille est Venerque. Bernard Guilhem, né à Aureville, canton de Castanet, vint s'établir à Saint-Martin en 1819, lors de son mariage avec Alexandrine Colomiès. Il laissa deux fils, Guillaume et Germain. Guillaume n'a laissé qu'une fille ; Germain a eu un fils nommé Bernard, qui a épousé Marie Baurés, en 1878.

Guirguy.

Raymond Guirguy, originaire de Verdun-sur-Garonne, devint propriétaire à Fleurance en 1835, par son mariage avec Guillaumette Delaux et mourut sans enfants.

Hispa.

Joseph Hispa, originaire de Contrasy (Ariège), vint à Saint-Martin en 1878, en qualité de jardinier. Il a fondé depuis une laiterie dans le village.

Izard.

Jean Izard, originaire d'Auzeville, canton de Castanet, vint à Saint-Martin avec sa famille, en 1844 et acheta une maison à Fleurance. Autre Jean Izard, neveu du précédent et originaire de Saint-Agne, s'est établi à Saint-Martin en 1868, lors de son mariage avec Marie Jules,

Jambert.

Deux familles dé ce nom ont vécu dans le village au dix-neuvième siècle. Jean-Marie Jambert, originaire de Colomiers, s'établit à Saint-Martin en 1829, lors de son mariage avec Guillaumette Taubin ; il n'a laissé qu'une fille.

Guillaume Jambert, originaire aussi de Colomiers, se fixa à Saint-Martin en 1867, en se mariant avec Elisabeth Trantoul. Il a laissé une fille et un fils nommé aussi Guillaume, qui a épousé Antoinette Grimaud en 1895.

Jany.

Gervais Jany, garçon meunier de Colomiers, vint se fixer à Saint-Martin, lors de son mariage avec Marguerite Libaros en 1821. Il eut une nombreuse famille qui a complètement disparu.

Autre Jany (Agnan), de Lardenne, a épousé Jacquette Germa et est devenu propriétaire en 1891.

Jassereux.

Pierre Jassereux, originaire de Clermont, canton de Castanet, s'est établi à Saint-Martin en 1877, lors de son mariage avec Jeanne Fauré.

Jean.

Guillaume Jean, originaire de Préserville, canton de Lanta, vint à Saint-Martin avec ses parents, en 1878, et se maria avec Maria Galan, en 1875.

Jourda.

Barthélémy Jourda, originaire de Lanta, s'établit à Saint-Martin avec sa famille, en 1874 ; il a laissé un fils nommé Pierre et une fille.

Jules.

Bernard Jules, né à Toulouse en 1828, vint se fixer à Saint-Martin en 1849 et se maria avec Maria Bert.

Labat.

Cette famille est ancienne dans Saint-Martin et a été toujours peu nombreuse. Il y avait deux Labat (Raymond et Pierre), propriétaires en 1690 : mais l'insuffisance des désignations sur les registres de l'Eglise, ne nous permet pas de raccorder la suite de leur descendance. Nous ne pouvons que citer les principales alliances que cette maison a contractées.

1° En 1728, Pierre Labat, veuf, épousa Jeanne Barrère ;

2° En 1752, Michel Labat, épousa Jamette Ruffat ;

3° En 1789, Michel Labat, fils d'Antoine et Peyronne Demblans épousa Jeanne-Marie Moulères ;

4° Enfin, Jean Labat, fils du précédent, épousa Jeanne Bessières en 1817, et se remaria avec Marie Bachou, en 1849.

Lachambre.

François Lachambre, originaire de Cornebarrieu, s'établit à Saint-Martin, lors de son mariage avec Françoise Durantou, en 1853. Il a laissé trois enfants dont deux fils (Pascal et Dominique), qui se sont alliés aux familles Delaux et Campistron et sont restés dans le village.

Lacombe.

Plusieurs familles de ce nom ont élu domicile à Saint-Martin :

1° Pierre Lacombe, originaire de Maubec, s'établit à Fleurance, en 1823, en se mariant avec Pétronille Grimaud. Il a laissé un fils nommé Pierre, qui a épousé Jeanne Daubèze, en 1847.

2° Les frères Jean-Marie Lacombe, originaires de Lamasquère, se marièrent à Saint-Martin, savoir : l'aîné avec Marguerite Amiel, en 1852, et le second avec Françoise Calvet, en 1855.

3° Deux frères Lacombe (Henri et Jean), originaires

de Mérenvielle, se sont établis à Saint-Martin avec leurs parents, en 1855 et y sont devenus propriétaires ; le premier se maria avec Catherine Recurt, en 1862 et le second avec Marguerite Grimaud, en 1865. Ce dernier s'est remarié en 1868 avec Raymonde Delhom.

4º Deux autres frères Lacombe (Pierre et Jean), originaires de Larra, commune de Grenade, sont venus à Saint-Martin avec leur famille, en 1859.

Lafont.

Famille des plus anciennes qui date du seizième siècle. Bernard Lafont possédait une maison au village, en 1571, dans le neuvième *moulon*.

En 1593 et 1621, Jean Lafont tenait des fiefs dépendant des métairies d'Ardizas et de Chabanassy.

Enfin, en 1635, Domenge Lafont, acheta à Brissonnet un fief dans le septième *moulon*.

La famille Lafont a été représentée sans interruption et s'est alliée aux principales maisons de Saint-Martin. Nous sommes dans l'impossibilité de donner la filiation de cette famille, dans les premiers temps ; nous ne pouvons que citer la liste des alliances qu'elle a contractées jusqu'au dix-huitième siècle :

Pierre Lafont et Bernarde Libaros, mariés en 1656.
Antoine Lafont et Domenge Martres, mariés en 1657.
Dominique Lafont et Jeanne Esparceil, mariés en 1660.
Raymond Lafont et Bertrande Daubert, mariés en 1665.
Antoine Lafont et Bernarde Bergès mariés en 1678.
Joseph Lafont et Marie Bordes, mariés en 1684.
Raymond Lafont et Jeanne Laforgue, mariés en 1684.
Pierre Lafont et Bertrande Coural, mariés en 1703.
Guillaume Lafont et Blaisie Siris, mariés en 1758.
Jean Lafont et Germaine Marignac, mariés en 1789.

(Voir tableau XXVII, p. 255.)

Lafleurance.

Guillaume Lafleurance vint s'établir à Saint-Martin avec son épouse, vers 1866. La famille Lafleurance, dont le berceau est Drudas, canton de Cadours, a produit un prêtre qui est en ce moment curé de Cánens, dans le canton de Montesquieu-Volvestre.

Laforgue.

Bertrand Laforgue, originaire de Pujaudran, s'est établi à Saint-Martin, en 1823, lors de son mariage avec Jeanne Grimaud. Il a laissé un fils nommé Charles qui épousa Anne Martinet en 1847 et un petit fils, Jean Laforgue, marié avec Marie Fauré, en 1871.

Lagarde.

Pierre Lagarde, originaire de Pujaudran, vint s'établir à Saint-Martin avec sa famille, en 1887.

Lanes.

Damien Lanes, originaire de Saint-Félix de Caraman, se fixa à Saint-Martin, en se mariant avec Suzanne Arbus, en 1877 ; il n'a laissé que des filles.

Larroque.

Bernard Larroque, originaire de Flourens, s'est établi à Saint-Martin, en 1864, lors de son mariage avec Claire Daubert. Il a laissé un fils nommé Jean qui a épousé Jeanne Daubèze, en 1896.

Lasbax.

Michel Lasbax, originaire de Bouzin, canton d'Aurignac et marié à Jeanne Labatut, vint se fixer à Saint-Martin, vers 1820 ; il a laissé trois filles et un fils nommé Raymond, qui était un homme studieux et intelligent. Celui-ci se maria, en 1838, avec Jeanne Bouville et n'a laissé qu'une fille.

Latour.

Hippolyte Latour, originaire de Carmaux, vint tout jeune à Saint-Martin avec sa mère. Après avoir appris le métier de charron, il s'établit dans le village, en 1854, à l'époque de son mariage avec Domenge Doustens.

Laux.

Cette famille ne date que du commencement du dix-neuvième siècle. Deux frères, charpentiers, originaires de Blagnac, Gervais et Gabriel Gervais Laux, achetèrent, en 1809, l'ancien presbytère de Saint-Martin et se le partagèrent. 1° Gervais épousa Jeanne Azimon et laissa un fils, autre Gervais, qui se maria avec Jeanne Baylac, en 1829. De ce mariage est né Louis Laux, qui épousa Jacquette Marignac, en 1867 ; ces derniers ont eu un fils nommé Thomas, qui s'est marié avec Maria Raymond, en 1896 ; 2° Gabriel Gervais Laux, épousa Jeanne Dantin, en 1805.

Laxan.

Cette famille date de la fin du dix-septième siècle. Elle était représentée, en 1690, par deux frères, Jean Laxan aîné et Laxan jeune. Il y a des lacunes dans la succession d'une branche collatérale, dont nous ne pouvons citer que quelques alliances : Jean Laxan, originaire de Saint-Michel-du-Touch, fils de Jacques et de Marie Teulet, épousa Marie Fourtané en 1753 ; Antoine Laxan, fils de François et de Marie Granadel, épousa Catherine Carrière, en 1819.

Antoine Laxan joua un rôle considérable à Saint-Martin pendant la Révolution ; il fut nommé officier municipal et délégué pour représenter le pouvoir central. (Voir tableau XXVIII, page 255.)

Layole.

Jean Layole, originaire de Lalande, vint se fixer à Saint-Martin en 1855, en se mariant avec Marie Amiel.

Libaros.

Cette ancienne famille date du dix-septième siècle. Le premier connu est François Libaros, qui figura en 1659 parmi les nouveaux feudataires du *Champ du Caulet*. Déjà un nommé Jean Libaros avait été enterré en 1649, à Saint-Martin, et habitait, par conséquent, le village. Vinrent ensuite : Gervais Libaros, marié à Peyronne Guillamède, en 1672 ; autre Gervais, marié à Peyronne Delgach, en 1678 ; Arnaud, marié à Guillaumette Averan, en 1687 ; Arnaud, second marié à Antoinette Clavé, en 1697 ; Arnaud jeune, marié à Catherine Ginestous, en 1713 ; Arnaud, fils de François, marié à Julie Collongues, en 1716 ; Jean, marié à Marie Gaspard, en 1730 ; Arnaud, fils du précédent, marié à Jeanne Escot, en 1758 ; autre François, fils du précédent, vivait à la fin du dix-huitième siècle ; Arnaud Libaros épousa, en 1811, Marie Lafont.

De ce mariage, naquirent Pierre-Bernard et Cécile Libaros. Pierre épousa Guillaumette Durantou, en 1833 ; il a laissé un fils nommé Jean, qui habite Colomiers, et un second nommé Guillaume, qui est mort à Blagnac ; Cécile a laissé un fils nommé Etienne, qui a épousé Jeanne Timbal, en 1849. De ce dernier mariage est né Jean Libaros, qui a épousé Marie Sesteré, en 1884.

Libes.

Deux frères de ce nom se sont établis à Saint-Martin :

1º Dominique Libes, originaire de Tournefeuille, s'est marié avec Jeanne Mazas, en 1860 ;

2º Jean-Baptiste Libes, originaire de la Salvetat-Saint-Gilles, épousa Cécile Mazas, en 1861.

Lortet.

Guillaume Lortet, originaire de Cornebarrieu, s'est établi à Saint-Martin en 1869, lors de son mariage avec Elisabeth Durantou; il a laissé un fils nommé Jean, qui a épousé Jeanne Breil, en 1899.

Loubet.

Famille très ancienne de Saint-Martin. Jehan Loubet, le premier dont il soit question dans nos annales, fit une reconnaissance en faveur de l'église, en 1574. Michel Loubet, qui vient ensuite, tenait un fief dans le *onzième moulon*, en 1614, et deux autres dans le *neuvième*, en 1622 et 1647. Enfin, Aaron Loubet, chef reconnu de la famille actuelle, avait une vigne dans le *huitième moulon*, en 1690. De nos jours, Jean Loubet, qui a embrassé la carrière militaire, jouit d'une honorable considération, comme adjudant au 15me régiment de ligne. (Voir : Tableau XXIX, page 256.)

Loupiac.

Jean Loupiac, gendarme en retraite, originaire de Mauressac, canton d'Auterive, acheta, en 1865, une maison à Saint-Martin où il passa 15 ans. Il est mort sans enfants.

Lupiac.

Jean Lupiac, jardinier, originaire de Labarthe, canton de Muret, vint s'établir à Saint-Martin avec sa famille, en 1884.

Magnau.

Pierre Magnau, originaire de Montaigut, s'est établi à Saint-Martin, en 1874, lors de son mariage avec Marie Ducros.

Majorel.

François Majorel, de Blagnac, vint se fixer à Saint-

Martin en 1854, lors de son mariage avec Jeanne Caubet.

Marignac.

La famille Marignac est originaire de Portet. Le premier qui vint se fixer à Saint-Martin, fut Jean Marignac, qui se maria avec Françoise Duclos, le 17 juin 1708; il épousa, en secondes noces, Jeanne Dupuy, le 24 octobre 1721. De ce dernier mariage naquirent Pierre aîné et Pierre cadet, qui se partagèrent, en 1756, la maison paternelle située au hameau de Fleurance et engendrèrent la grande famille qui vit encore de nos jours.

La branche aînée a produit deux hommes marquants : Joseph et Jean Marignac. Joseph Marignac est mort à Chambéry, le 2 mars 1865, à l'âge de 49 ans.

Après une brillante carrière de professeur dans l'Université, il devint inspecteur d'Académie et officier de l'Instruction publique. Il a laissé une nombreuse famille, dont quatre fils qui vivent encore et remplissent de hautes fonctions dans l'armée et dans l'administration.

M. Jean Marignac, frère de Joseph, après de beaux états de service, fut capitaine d'infanterie au 27me de ligne et chevalier de la Légion d'honneur. Il est mort, en retraite, à Toulouse, le 16 mars 1899, à l'âge de 75 ans, après avoir rempli deux mandats consécutifs de Conseiller municipal de cette ville.

La branche cadette a produit un industriel remarquable par l'originalité de ses conceptions et la hardiesse de ses entreprises. M. Louis Marignac avait fondé, à Saint-Martin, avec son épouse, en 1857, un atelier de sellerie qu'il installa, quelques années plus tard, sur une vaste échelle. Cette fabrique a tenu une large place à Saint-Martin pendant 30 ans ; elle a été une importante ressource pour les ouvriers.

La famille Marignac est aujourd'hui représentée, à

Saint-Martin, par M. Raymond Marignac, descendant de la branche aînée. (Voir tableau XXX, page 257.)

Marmier.

Jules Marnier, originaire de Saint-Sulpice de Lézat, s'est établi à Saint-Martin avec sa famille en 1886.

Marquès.

M. Dominique-Ambroise Marquès, originaire de Cornebarrieu, passa quelques années à Saint-Martin après son mariage avec Jacquette Bélous (de 1732 à 1850). Profondément religieux et honnête, il fut toute sa vie un dévoué serviteur de l'église, sans jamais négliger ses propres affaires, et ne fut pas moins heureux pour cela. Il a laissé trois enfants dont un fils, nommé Xavier, qui compte encore chez nous de nombreux parents et amis.

Marquié.

Jean Marquié, originaire d'Auterive, est venu à Saint-Martin avec sa femme, en 1850.

Martin.

Jean-Adolphe Martin, originaire de Toulouse, s'est établi à Saint-Martin avec sa famille, en 1896. Il a acheté une maison où il a fondé une boulangerie.

Martinet.

Louis Martinet, originaire de Tournefeuille, s'est établi à Saint-Martin en 1857, lors de son mariage avec Jeanne Loubet; il n'a laisssé qu'une fille.

Martres.

Jean Martres, de Pujaudran, s'est établi à Saint-Martin en 1879, lors de son mariage avec Marguerite Delaysses; il y est devenu propriétaire.

Marty.

Bernard Marty, laboureur, résidait dans la paroisse

à la fin du siècle dernier. Il acheta, en 1785, la maison de Lespécière qu'il laissa à son fils Etienne. Celui-ci épousa en 1825 Catherine Jean, originaire de Saint-Orens, et laissa une fille nommée Pétronille, qui épousa M. Dauriac, de Lalande.

Mayran.

M. Cyprien Mayran, maître-sellier, originaire de Plaisance, s'établit à Saint-Martin en 1883, lors de son mariage avec Jeanne Marignac.

Mazas.

Deux frères de ce nom se sont établis à Saint-Martin : 1° François Mazas, fils de Jean Mazas, maître-valet à la Flambelle. Parti d'Assonne en 1843, il acheta à Saint-Martin une maison qu'il vint habiter avec sa famille ; 2° Guillaume Mazas, frère du précédent, né à Pechbonnieu, s'établit à Saint-Martin, en 1830. Les deux frères n'ont laissé que des filles.

Merle.

Jean Merle, boucher, originaire de Pibrac, s'est établi à Saint-Martin avec sa femme, en 1889.

Mesplé.

Jean-Marie Mesplé, tonnelier, originaire de Colomiers, s'est établi à Saint-Martin en 1876, lors de son mariage avec Marie Bert.

Mialles.

Joseph Mialles, originaire de Lasbordes, près Toulouse, s'est établi à Saint-Martin en 1874, lors de son mariage avec Marie Bié.

Millau.

Louis Millau, originaire d'Odars, canton de Montgiscard, est venu à Saint-Martin avec sa famille, en 1858, et a bâti une maison sur la route de Toulouse. Il est mort sans enfants.

Molinier.

Bertrand Molinier, originaire de Lapeyrouse-Fossat, s'est établi à Saint-Martin en 1881, lors de son mariage avec Guillaumette Doumeng.

Monicole.

Philippe Monicole, boucher, originaire de Merville, s'est établi à Saint-Martin avec sa famille en 4893.

Monna.

Jean Monna, originaire de Muret, s'est établi à Saint-Martin en 1877, lors de son mariage avec Jacquette Marquié.

Montagnac.

Barthélémy Montagnac, forgeron, originaire de Ségoufielle, s'établit à Saint-Martin en 1825, en se mariant avec Marie Médous, de Bragayrac. Il eut une nombreuse famille, de laquelle il ne reste qu'un fils nommé Etienne, et deux filles qui habitent Toulouse.

Montet.

Cette famille ne date que du milieu du dix-huitième siècle. Son chef, Benoît Montet, tailleur d'habits, originaire de Lévignac, se maria avec Jeanne Sénac, de Colomiers en 1745, et mourut en 1773, à l'âge de 55 ans. A la fin du même siècle, cette maison comprenait deux branches dont l'aînée s'est bien développée.

Elle a produit en dernier lieu deux rejetons qui méritent d'être cités :

1° M. Jean-Marie Montet, fonctionnaire de l'administration des finances, aujourd'hui percepteur à Saint-Laurent, canton de l'Isle-en-Dodon ;

2° M. Bertrand Montet, ancien élève distingué de

l'école des Arts et Métiers d'Aix. (Voir tableau XXXI, page, 258.)

Mouchet.

Guillaume Mouchet, originaire de Saint-Paul, vint s'établir à Saint-Martin avec sa famille, en 1854. Il a laissé un fils nommé Raymond, qui a épousé Marie Bétous.

Moulères.

François Moulères et Rose Mailles sa femme, vinrent s'établir à Saint-Martin, en 1832. François Moulères, était fils de Michel Moulères et d'Isabeau Delgach, qui avait habité la Salvetat et Fontenilles. Il a laissé trois fils : Daniel, Jean et autre Daniel. L'aîné à épousé Marguerite Bachou, en 1851 ; Jean s'est établi à Mexico, après la campagne de 1853, et Daniel jeune a épousé Rose Labat, en 1876.

Moulis.

Jacques Moulis, originaire de Sainte-Foy-Peyrolières, s'est marié à Saint-Martin avec Raymonde Lacombe, en 1890, et y est devenu propriétaire.

Nauzes.

Jean Nauze, de Colomiers, s'est établi à Saint-Martin, en 1878, lors de son mariage avec Victorine Latour.

Ordy.

Antoine Ordy, originaire de Gensac, canton de Rieux, vint s'établir à Saint-Martin, avec sa femme, en 1874. Il y a fait bâtir une maison et a laissé deux fils Jules et Guillaume.

Oustric.

Raymond Oustric, originaire de Saint-Ybars (Ariège), est venu s'établir à Saint-Martin, lors de son mariage avec Marie Cazaux, en 1886.

Palanque.

Cette famille date de la fin du dix-huitième siècle. Bernard Palanque, était marié à Domenge Figarède, et laissa une fille et un fils nommé Jean, qui épousa Arnaude Lafont en 1819. Ce dernier ne laissa qu'une fille.

Panchaud.

M. Jean-Marie-Louis Panchaud, de Toulouse, devint propriétaire à Saint-Martin en 1865, en se mariant avec Bernarde Dénemix.

Panebœuf.

Joseph Panebœuf, originaire de Léguevin, s'est établi à Saint-Martin en 1873, lors de son mariage avec Alexandrine Guilhem.

Pébordes.

Barthélémy Pébordes, originaire de Plaisance, vint se fixer à Saint-Martin en 1832, lors de son mariage avec Jeanne-Marie Révély. Il a laissé une fille qui est morte religieuse à Nevers, et un fils avec lequel il rentra dans son pays natal.

Pénent.

François Penent, charron, originaire de Bérat, vint s'installer à Saint-Martin en 1829 Il se maria avec Marie Malpel, et laissa uu fils Marc-Ambroise, qui épousa Françoise Fourment, en 1850. De ce dernier mariage, il ne reste qu'une fille mariée avec M. Pierre Castex, de Plaisance.

Peyrouset.

Mathieu Peyrouset, originaire de Tournefeuille, est venu à Saint-Martin avec sa famille, en 1865.

Il a laissé une fille et un fils nommé Jean, qui épousa

Elisabeth Daillet en 1873, et qui a laissé à son tour trois fils : Henri, Jean-Baptiste et Marcel.

Pierre, autre Peyrouset, originaire de Lardenne, s'établit à Saint-Martin en 1872, en se mariant avec Jeanne Doumeng ; il a laissé deux fils, Mathieu et Jean.

Pons.

Jean Pons, originaire de Cintegabelle, est venu à Saint-Martin avec sa famille, en 1890.

Pouvillon.

François Pouvillon, originaire de Blagnac, s'établit à Saint-Martin en 1866, lors de son mariage avec Marie Cousture ; il a laissé un fils nommé Pierre et une fille.

Puntis.

Géraud Puntis, originaire de Mondonville, s'est établi à Saint-Martin avec sa famille, en 1865 ; il a laissé un fils nommé Pierre.

Racaud.

Laurent Racaud, de Lardenne, vint à Saint-Martin, en 1878, lors de son mariage avec Marie Rigaud.

Ramond.

Frédéric Ramond, serrurier, originaire de Lanta, devint propriétaire à Saint-Martin en 1834, lors de son mariage avec Bernarde Rouy. Il était le frère de M. Joseph Ramond, médecin.

Raymond.

Jean-Marie Raymond, tailleur d'habits, originaire de Tourtouse (Ariège), s'est établi à Saint-Martin en 1865, en se mariant avec Marie Dangoumeau.

Raynal.

Jean Raynal, originaire de Daux, vint à Saint-Martin

en 1831, lors de son mariage avec Barthélémy Rivière ; il y est devenu propriétaire.

Révély.

Cette famille date du milieu du dix-huitième siècle ; elle s'est peu développée. Le premier qui s'établit à Saint-Martin fut Jean Révély, de Saint-Simon, qui épousa en 1744, Guillaumette Noé.

Voici quels furent ses descendants, par ordre de succession, de père en fils.

1º Barthélémy Révély, qui épousa Anne Izard, en 1766.

2º Jean Révély, qui se maria avec Géraude Grimaud, en 1788.

3º Guillaume Révély, marié à Anne Dénemix, en 1810.

4º Antoine Révély, marié à Marie Castillon, en 1862.

5º Ernest Révély, marié à Berthe Calmet, en 1896.

Rigaud.

Cette famille date du seizième siècle. Le premier Rigaud fut un nommé Claude, qui mourut en 1690, à l'âge de 116 ans. A l'occasion de cette longévité extraordinaire M. le curé Detès fit une enquête parmi les plus anciens habitants et les notables de Saint-Martin. Il constata que Claude Rigaud avait conservé toute sa raison jusqu'à la fin et qu'il avait toujours vécu en homme de bien. Avant de se fixer à Saint-Martin, la famille Rigaud avait occupé divers moulins dans les environs ; aussi son existence n'est-elle signalée que vers le milieu du dix-septième siècle.

Claude Rigaud eut un fils nommé François et un petit-fils, autre Claude, qui acheta un moulin à vent dans le huitième *moulon*, en 1562. C'est là que commença le développement de la famille, par la formation de deux branches, qui se séparèrent dans les premières années du dix-huitième siècle. La branche aînée resta à Saint-

Martin, au moulin à vent, et la branche cadette se fixa au moulin de Carquet, à Lardenne.

Plus tard, Arnaud Rigaud, descendant de cette seconde branche, revint à Saint-Martin, acheta le moulin à eau et fonda la famille qui y vit encore de nos jours. (Voir tableau XXXII, p. 259.)

Rives.

Jean Rives, originaire de Tournefeuille, vint se fixer à Saint-Martin en 1855, en se mariant avec Pétronille Seignan. Il a laissé un fils nommé Alexis, qui habite Lardenne et est le dernier descendant par sa mère de l'ancienne famille Seignan.

Rivière.

Pierre Rivière, meunier, originaire de Saint-Loup, près Toulouse, vint se fixer à Saint-Martin en 1844, et se maria avec Antoinette Loubet. Il a laissé un fils nommé Jean-Marie, qui épousa Marguerite Marignac, en 1867.

Une seconde famille de ce nom, dont les descendants sont restés à Saint-Martin, passa de longues années à la métairie du Peyrot. Elle fut fondée par Jean Rivière, qui avait épousé Guillaumette Delaux, en 1741. Son fils, Vidal Rivière, épousa Bertrande Auzel en 1764. De ce dernier mariage naquit Jean Rivière, qui se maria avec Bernarde Lafont, en 1842, et n'a laissé qu'une fille.

Rodière.

Raymond Rodière, originaire de Puydaniel, canton d'Auterive, est venu à Saint-Martin avec sa famille, en 1867.

Rogès.

Antoine Rogès, originaire de Balma, s'est établi à Saint-Martin en 1869, lors de son mariage avec Marie Bonnevie; il y est devenu propriétaire.

Rolland.

Famille ancienne de Saint-Martin, dont le chef, Pierre Rolland, tenait un fief dans le sixième *moulon* en 1621, et un arpent de *plantié* dans le onzième *moulon* en 1640. Il eut plusieurs enfants dont un nommé François devint le père de la maison, qui vient de s'éteindre avec Pierre Rolland.

La famille Rolland est des plus honorables ; ses représentants ont de tout temps pris une part active à la vie paroissiale, soit comme employés d'église, soit comme dizeniers ou attachés aux œuvres de charité. Plusieurs n'ont pu être classés dans le tableau généalogique à défaut de renseignements précis, aussi nous les citons à part :

1° Pierre Rolland, qui épousa Antoinette Grimaud, en 1681, et n'eut qu'une fille nommée Cécile, qui fut mariée à Vital Mouchet ;

2° Autre Pierre Rolland, qui épousa Jeanne Trantoul, en 1683, et se remaria avec Françoise Dénémix, en 1693 ;

3° Autre Pierre, qui épousa Guillaumette Toulouse, en 1695, enfin Jean Rolland, qui épousa Marie Gensac, en 1713. (Voir tableau XXXIII, 260.)

Roquefort.

Jean Roquefort, originaire de Tournefeuille, avait épousé en 1832 Louise Béria, avec laquelle il vint se fixer à Saint-Martin. Il eut un fils nommé François, qui se maria à Colomiers et quitta Saint-Martin.

Roujean.

Jean Michel Roujean, de Cornebarrieu, vint à Saint-Martin en 1855, lors de son mariage avec Reine Bordes ; il y acheta une maison.

Rouquier.

Jacques Rouquier, originaire de Fonsorbes, vint s'établir à Saint-Martin, en 1874 en se mariant avec Marie Subra. Il a laissé un fils nommé Pierre et une fille.

Rouy.

Cette famille est arrivée à Saint-Martin au commencement du dix-huitième siècle. En 1714, il y avait un forgeron nommé Antoine Rouy, établi dans le village, et marié avec Michelle Bousquet. Peu de temps avant, un autre Rouy (Nicolas) avait épousé Anne Cluzet, fille d'un forgeron de Saint-Martin. De ce mariage est issue la famille actuelle, qui s'est bien développée au commensement du dix-neuvième siècle. Elle a produit, en dernier lieu, un sujet remarquable, M. l'abbé Rouy, actuellement curé du Lherm, canton de Muret. Ancien élève du séminaire de l'Esquile, il fut nommé, après son ordination, aumônier de l'orphelinat de la Grande-Allée, et plus tard, vicaire à la Daurade et curé de Daux, où il passa plusieurs années. Tous les membres de la famille Rouy se distinguent par leur intelligence et leur ardente imagination. (Voir tableau XXXIV, page 26).

Sacareau.

Jean Sacareau, né à Sainte-Foy-Peyrolières, en 1821, est entré à Saint-Martin comme garçon meunier, en 1839. Marié en 1850 avec Anne Arnaud, il acheta une maison qui appartient encore à sa famille. Il a laissé une fille et un fils nommé Jean.

Saint-Martin.

Léon Saint-Martin, marchant ambulant, originaire de Benque, canton d'Aurignac, s'est établi à Saint-Martin avec son épouse, en 1882.

Sainte-Livrade.

Jacques Sainte-Livrade, originaire de Lanta, vint s'établir à Saint-Martin, avec sa famille, en 1864 ; il a laissé un fils nommé Jean.

Salère.

En 1478, il y avait à Saint-Martin une famille importante, ayant à sa tête Domenge Salère et de laquelle sortit un prêtre (Michel Salère) qui fut vicaire de la paroisse au siècle suivant.

Cette famille s'éteignit peu de temps après.

En 1784, Bernard Salère, tailleur d'habits, originaire de Beauzelle, se maria à Saint-Martin, avec Cécile Libaros. Il eut un fils nommé Etienne qui épousa Charlotte Laxan, en 1817 et ne laissa qu'une fille.

Une troisième famille du même nom se fonda en 1828 par le mariage de Pierre Salère, maçon, originaire aussi de Beauzelle, avec Jeanne Laux. Il épousa en secondes noces Marguerite Delaux, en 1831 ; de ce mariage est né Auguste Salère, qui épousa Paule Olivier, en 1861 et se remaria avec Louise Trény, en 1865.

Sarraute.

Bertrand Sarraute, originaire de Cardailhac, canton de Boulogne, s'est établi à Saint-Martin, en 1888, avec sa famille. Il a recueilli une partie de la succession des frères Adoue.

Séguéla.

François Séguéla, originaire de Marliac, canton de Cintegabelle, s'est établi à Saint-Martin, avec sa famille, en 1875 ; il y est devenu propriétaire.

Seignan.

Ancienne famille de Saint-Martin qui s'est peu développée.

En 1634, vivait déjà Antoine Seignan, qui fit une reconnaissance en faveur de M. de Cheverry, sur une terre située dans le onzième *moulon*. Il nous a été impossible de raccorder la descendance de cette maison ; mais voici les alliances qu'elle a contractées :

Raymond Seignan, épousa en 1664, Bertrande Cestac ;

Pierre Seignan, épousa Anne Brax, en 1691;

Autre Pierre, épousa Bertrande Fourtané, en 1695;

Jean, épousa Anne Lafforgue, en 1700;

Pierre, épousa Jacquette Vignaux, en 1715;

Autre Pierre, épousa Elisabeth Delmas, en 1750 ;

François, épousa Jeanne Guille, en 1762 ;

Thomas, fils de Pierre et d'Elisabeth Delmas, épousa Jeanne Bernis, en 1775;

Jean, fils de François et de Jeanne Guille, épousa Anne Marignac, en 1790;

Guillaume, fils de Pierre et d'Elisabeth Delmas, épousa Bertrande Vinceneau, en 1796;

Et enfin, Jean Seignan, fils du précédent, épousa Antoinette Laux, en 1823.

Sénac.

Jean Sénac, originaire de Menville, près Lévignac, vint à Saint-Martin avec sa famille, vers 1840, et y acheta une maison. Il a laissé un fils qui a quitté le village et deux filles.

Serres.

Jean-Marie Serres, originaire de Roques, canton de Muret, épousa Marie Ferrié, en 1883; il s'est fixé à Saint-Martin, en 1895.

Sévérat.

Pierre Sévérat, chef de cette famille, vint de Colomiers avec son épouse Catherine Delaux, en 1814 : on l'appelait habituellement le *Grand-Pierre* à cause de sa taille imposante. La famille Sévérat a tenu un rang honorable dans la paroisse et s'est alliée avec les meilleures maisons du village. Elle s'accrut sensiblement vers le milieu du siècle; mais elle tend aujourd'hui à disparaître de Saint-Martin (Voir tableau XXXV, page 261.)

Sicres.

Cette famille est originaire de la haute vallée de l'Ariège, où elle est encore très répandue. Le premier qui vint à Saint-Martin fut François Sicres, qui se maria avec Jeanne Carrière, en 1695, et qui épousa une sœur de Vidal Mouchet, en secondes noces, en 1710. De son dernier mariage sortit une nombreuse famille, qui a donné des rejetons à Lardenne et à Tournefeuille. Les deux derniers représentants qui ont vécu à Saint-Martin méritent une mention spéciale :

1° François Sicres, né en 1780, fit avec distinction les campagnes du premier Empire, dans les grenadiers du premier régiment de ligne. Il tint garnison, à Toulon en 1801, à Perpignan en 1804, à Brescia (Italie) en 1807, et à Alexandrie (Egypte) en 1809. Embarqué sur *Le Pluton*, il prit part au combat de Trafalgar où il fut blessé, d'un coup de feu, le 20 août 1807. Il fut aussi blessé à Essling, le 21 mai 1809, et, pour ce fait, gratifié d'une pension par l'Etat. Retiré à Saint-Martin, il se maria avec Germaine Dardenne, exerça la profession de cordonnier et mourut en 1842 ;

2° Edmond Sicres, son fils, né en 1815, manifesta, dès sa jeunesse, un goût particulier pour la musique, dont l'étude devint la principale occupation de sa vie. Il fut nommé, en 1851, chef de la musique de Saint-Martin et mourut célibataire en 1867 (Voir tableau XXXIV, page 262.)

Sirvain.

Dominique Sirvain, originaire de Muret, vint à Saint-Martin avec sa famille, en 1869.

Soulan.

Antoine Soulan, encore adolescent, entra en France en 1814, à la suite de l'armée espagnole. Il resta dans le pays après la guerre, se fixa à Saint-Martin, où il se maria en 1837. Il n'a laissé qu'un fils nommé Jean.

Soulès.

Jean-Pierre Soulès, de la paroisse des Minimes, vint se fixer à Saint-Martin, lors de son mariage avec Marthe Timbal en 1858. Il a laissé un fils nommé Jean-Marie et trois filles.

Soulié.

Famille établie à Saint-Martin depuis un siècle environ. Le premier représentant, Guillaume Soulié, originaire de la Salvetat-Saint-Gilles, entra au service de M. le curé Roger, en 1787. Il se maria l'année suivante avec Jeanne Dénémix ; de ce mariage naquit Antoine Soulié, qui épousa Arnaude Balancy, en 1717, et ne laissa qu'une fille.

Subra.

Jean Subra, originaire de Montesquieu, canton de Villefranche, s'est établi à Saint-Martin avec sa famille, en 1863, et y a acheté une maison.

Tillet.

Jean Tillet, originaire de Cornebarrieu, vint de Lardenne à Saint-Martin avec sa famille, vers 1840. Il a laissé une fille et trois fils, André, Jean-Marie et Auguste. Ces deux derniers sont seuls restés dans le village. Jean-Marie a épousé Marie Mouléres en 1871, et Auguste s'est marié avec Emma Delmas en 1885.

Timbal.

Jacques Timbal vint de Colomiers à Saint-Martin vers 1842 avec sa famille. Il a laissé deux filles et un fils nommé Jacques, qui a épousé Marie Bert.

Toulouse.

Cette famille, établie à Saint-Martin depuis le dix-septième siècle, s'est bien développée pendant le siècle suivant, Déjà, en 1624, Jean et Samson Toulouse possédaient plusieurs fiefs dans le village.

Le dix-neuvième siècle a amené une deuxième famille du même nom, qui est en ce moment la plus nombreuse. Elle est arrivée, en 1803, par le mariage de Jean Toulouse, tonnelier, de Blagnac, avec Anne Dardenne, fille d'un tailleur d'habits, à Saint-Martin. Cette dernière maison a produit MM. Toulouse (Guillaume et Jean-Marie), directeurs de nos sociétés musicales (Voir tableaux de XXXVII à XXXIX, pages 262, 263 et 264).

Trantoul.

Famille qui date des premières années du dix-septième siècle. Michel Trantoul, reçut un fief en 1622, de M. de Cheverry, et fut le chef de cette maison. Les descendants de la branche aînée, qui n'ont pu être classés dans le tableau généalogique sont : Pierre Trantoul, marié à Jamette Dénemix, en 1693; Nicolas, marié à Charlotte Blondin, en 1700 ; Nicolas, qui épousa Géraude Cabriforce, en 1707 ; Bernard, fils de Nicolas et de Claire Vignaux, qui épousa Marguerite Devésy, en 1772. (Voir tableau XL, page, 264).

Turraud.

Martial Turraud, forgeron, originaire de Fronton, s'est établi, à Saint-Martin, en 1887, lors de son mariage, avec Jeanne Timbal.

Vidal.

Jean Vidal, originaire de Balma, vint fermier à la métairie de Barlet, en 1843. Il est devenu propriétaire, à Saint-Martin, et a laissé deux fils (Jean et Bernard) et une fille.

Joseph, autre Vidal, originaire de Montferrand (Gers), s'est établi à Saint-Martin, en 1877, lors de son mariage, avec Jeanne Layole, et y est devenu propriétaire.

Bertrand, autre Vidal, originaire de Colomiers, s'est

établi, à Saint-Martin, en 1867, en se mariant avec Anne Toulouse.

Vié.

Nous réunissons sous ce titre deux familles dont le nom a été écrit différemment Vié ou Viguier et qui ont pourtant la même origine. En remontant vers les siècles passés, ont trouve des Viguier, ayant précédé immédiatement les Vié, de notre temps. D'autre part, les indications manquent pour établir la filiation de cette maison, nous ne pouvons que citer ses alliances. Dès 1623, il y eut des Viguier, à Sain-Martin, et le premier fut Bertrand Viguier, qui fit une reconnaissance en faveur de M. de heverry, sur une maison avec jardin, qu'il tenait dans le sixième *moulon*. Vinrent ensuite :

Pierre Viguier marié, à Suzanne Bachou, en 1664 ;

Autre Pierre, marié à Bertrande Pagès, en 1665 ;

André, marié à Antoinette Delpech, en 1672 ;

Jean, marié à Guillaumette Catala, en 1684 ;

Jean-Pierre, marié à Jeanne Bergès, en 1718.

Antoine, marié à Marguerite Rouy, en 1739 ;

François, fils du précédent, marié à Guillaumette Dénemix, en 1775 ;

Arnaud Vié, marié à Claire Trantoul, en 1805 ;

Arnaud, marié à Louise Vignaux, en 1809 ;

Autre Arnaud, fils du précédent marié, à Cécile Brousse, en 1841.

Villeneuve.

François Villeneuve, né à Parisot (Tarn), vint à Saint-Martin avec sa première femme Rose Gary, en 1858. Il s'y fixa en 1861, lors de son second mariage avec Jeanne Toulouse. Après la mort de celle-ci, il acheta une maison, et se remaria avec Jeanne-Marie Coueilles, en 1885. Il n'a pas laissé d'enfants.

CONCLUSION

Voici le résumé de l'histoire des familles des travailleurs :

1° Toutes les anciennes maisons de Saint-Martin sont unies par les liens du sang; les nombreux mariages contractés entr'elles ont eu pour résultat de conserver dans le village l'esprit de famille et, avec cet esprit, des traditions précieuses ;

2° Les familles ouvrières de la première heure ont disparu depuis longtemps ;

3° Les trois quarts des familles de la seconde époque étaient également éteintes en 1800 ;

4° En suivant cette marche décroissante, il est à peu près certain que les trente maisons anciennes qui sont encore représentées, sont appelées à disparaître dans le courant du vingtième siècle.

Nous sommes donc amenés à confier l'honneur et la bonne renommée de notre pays aux derniers venus. En leur adressant nos meilleurs souhaits, nous leur recommandons surtout de conserver l'union et la paix, qui sont les sources du vrai bonheur. L'avenir leur réserve sans doute de grandes surprises; mais qu'ils n'oublient jamais les résultats déjà obtenus par l'amour du devoir, le travail et une sage économie.

S'ils persévèrent dans cette voie, leur prospérité ira toujours croissant; s'ils se laissaient, au contraire, séduire par les attraits flatteurs des nouvelles doctrines, tout serait bientôt perdu.

Dieu veuille que nos successeurs ne soient pas témoins de ce malheur! C'est notre dernier vœu.

TABLEAUX GÉNÉALOGIQUES

TABLEAU I.

Famille Bélous.

Jean Bélous, marié à Arnaude Azéma vers 1715.

François Bélous. — Jeanne Bouville. — 1740.

Antoine Bélous aîné. Géraude Daubert. 1772.		Antoine Bélous cadet Fabiane Caperan. 1776.
Guillaume Bélous. Anne Colomiés. —	François Bélous. Catherine Marignac. 1801. — François Bélous. Géraude Amiel. 1833.	François Bélous. Jeanne Delaux. Vers 1800.

TABLEAU II.

Famille Bessières.

Pierre Bessières, marié à Marie Mouchet vers 1700.

Vital Bessières. — Françoise Cassé. — 1725.

Joseph Bessières. — Jeanne Figarède. — 1756.

Guillaume Bessières. Jeanne Trémoul. 1796. — Jean Bessières. Marie-Thérèse Lafon. 1817. — Etienne Bessières. Françoise Montel.	Pierre Bessières.	
	Bernarde Bouville, 1re femme. 1807.	Jeanne Montassé, 2me femme. 1817.

TABLEAU III.   Famille Bouville.

Jean Bouville état marié à Marie Filiastre en 1689.

Jammet Bouville. — Bertrand Fauré. — 1714.

Antoine Bouville. — Guillaumette Grimaud. — 1746.

Thomas Bouville. — Jeanne Riquet. — 1784.

Raymond Bouville.

Jeanne Laux (1re femme).

Thomas Bouville. — Marie Clario. — 1848.

Bernard Bouville.
Jeanne Taulet.
1779.

Antoine Bouville.
Guillaumette Caperan.
1804.

Thomas Bouville.
Hélène Delsol.
1848.
—
Antonin Bouville.

Raymond Bouville.
Catherine Delaux.
1871.
Antoine Bouville.

Gervais Bouville.
Elisabeth Garrigues.
1886.
A Croix-Daurade.

Sylvain Bouville.
Françoise Pannebiau.
1888.

Gervais Bouville.
Jacquette Toulouse.
1850.

Rose Mailles
(2me femme).

Bernard Bouville.
Guillaumette Rolland.
—
Nicolas Bouville.
Guillaumette Toulouse.
—
Antoine Bouville.
Pétronille Abadie.
1817.
—
Bernard Bouville.
Catherine Campistron.
1847.

TABLEAU IV.   Famille Campistron.

Guillaume Campistron marié à Jeanne Laforgue. — 1684.

Simon-Raymond Campistron. — Marguerite Averan. — 1721.

Jean Campistron. — Jacquette Seignan. — 1758.

Raymond Campistron. — Marie Sévérat. — 1790.

Pierre Campistron. — Guillaumette Dantin. — 1816.

Paul Campistron. — Elisabeth Pilot. — 1854.

Jean Campistron. — Louise Chaumeton. — 1886.

Raymond Campistron. — Marguerite Escot. — 1830.

Jean Campistron. — Pétronille Durantou. — 1868.

TABLEAU V. — *Famille Caperan.*

François Caperan, marié à Fabiane Guillamède. — 1702.

Jean Caperan. — Jeanne Bernis. — 1725.

Jean Caperan.

François Caperan.
Dominiquette Averan.
1756.

Pierre Caperan.
Guillaumette Grimaud.
1764.

Jean Caperan.
Angélique Bourret
1802.

Jean Caperan.
Francoise Caperan
1815.

Charlotte Averan.
(1re femme)
1741.

Jean Caperan.
Elisabeth Loubet.
1769.

Germaine Duclerc.
(2e femme)
1751.

Michel Caperan. — Guillaumette Bélous
1777.

Jean-Bertrand Caperan.

Claire Delaux.
(1re femme)
1805.

Françoise Loubet.
(2e femme)
1823.

TABLEAU VI. — *Famille Crambat.*

Antoine Crambat. — Jeanne Pérès.

Jean Crambat. — Jeanne Dénénix. — 1753.

Jean-Pierre Crambat. — Elisabeth Trantoul. — 1803.

Jean-Bernard Crambat. — Dorothée-Françoise Cassé. — 1823.

Pierre Crambat. — Marie Esquerré. — 1851.

Pierre Crambat. — Irma Polier. — 1858.

Louis Crambat. — Jenny Rouy.
1879.

Antoine Crambat. — Jacquette Lafont.
1890.

Jean Crambat. — Marie Aubrespin.
1894.

TABLEAU VII.

Famille Dantin.

Jean Dantin, propriétaire en 1620.

Paulet Dantin, propriétaire, mort en 1690.

Géraud Dantin, marié à :

Jeanne Chapelle 1re femme. — Jeanne-Marie Famaféuille, 2me femme. — 1688.

Jacques Dantin.

Marie Godefroy, 1re femme. — 1715.

Pierre Dantin.

Anne Rigaud, 2me femme. — 1732.

Antoine Dantin. — Guillaumette Amiel. — 1751.

Dominge Darbon 1re femme. 1741. — Françoise Sizes, 2me femme. — 1749.

Blaise Dantin.

Françoise Riquet 1re femme. 1784. — Marie Ardignac, 2me femme.

Germain Dantin. — Jean Dantin.

Blaise Dantin. Jeanne Dufaud. 1777.

Jean Dantin. — Françoise Bessières.

Bertrand Dantin. — Jacquette Lasbax. 1827.

Blaise Dantin.

Alexandrine Bélous. 1re femme. — 1849.

Hélène Delsol, 2me femme. 1872.

Raymond Dantin, nort en 1885. Germain Dantin. Marie Gaspard. 1884.

Jammet Dantin.

Bernard Dantin. Cathene Carrière 1788. — Raymond Dantin Jeanne Cassagne 1829. — Dominie Dantin.

TABLEAU VIII.

Famille Daubert.

Vital Daubert marié à Jacquette Toulouse, en 1691.

Jean Daubert. — Peyronne Clavé. — 1725.

Jean Daubert. — Marie Lafont. — 1762.

Etienne Daubert. — Jammette Libaros. — 1784.

Guillaume Daubert.
Jeanne Montespan.
1732.
—
Jean Daubert.
Géraude Lafont.
1758.
—
Etienne Daubert.
Fabiane Marignac.
1785.

Guillaume Daubert.
Françoise Figarède.
1788.

Etienne Daubert.
Jeanne Cabriforce.
1817.
—
Antoine Daubert.
Marguerite Marignac
1848.
—
Jean Daubert.
Marie Laforgue.
1873.
à La Croix-Falgarde.

François Daubert.
Denise Cabriforce.
1821.
—
Arnaud Daubert.
Arnaude Durantou.
1847.

François Daubert.
Antoinette Durantou.
1871.
—
Arnaud Daubert.
Marie Hispa.
1898.

Antoine Daubert.
Marie Camboulives.
1880.

Arnaud Daubert.
Jeanne Toulouse.
1823.

Arnaud Daubert.

Payronne Trantoul
(1re femme).
1812.
—
Jean Daubert.
Françoise Ruoy.
1837.

Antoinette Daydé
(2e femme).
1840.

TABLEAU IX.

Famille Delaux.

Jean Gabriel Delaux, marié à Bertrande Lasserre. — Vers 1700.

Antoine Delaux. — Bertrande Azéma. — 1734.

Antoine Delaux aîné
Bernarde Lagasse.
1767.
(Voir tableau X.)

Antoine Delaux cadet. — Jeanne Marignac. — 1778.

Jean-Gabriel Delaux.
Antoinette Crambat.
1792.

Antoine Delaux jeune
Arnaude Loubet.
1804.
—
Blagnac.

Raymond Delaux.
Guillaumette Caperan.
1809.
—
Jean Delaux.
Elisabeth Brousse.
1837.
—
Raymond-
Pascal Delaux.
Marie Rival.
1871.

Gabriel Delaux. — Germaine Durantou.
1813.

Pierre Delaux.

Raymonde Delsol,
1re femme.
1847.

Justine Termes,
2me femme.
1854.
—
Louis Delaux.
Irma Prat.
1887.

TABLEAU X.

Famille Delaux.

Antoine Delaux aîné, marié à Bernarde Lagasse. — 1767.

Antoine Delaux. — Fabiane Caperan. — 1805.

Michel Delaux.
Marie Lasbax.
1836.

—

Raymond Delaux.
Marie Durantou.
1858.

Michel Delaux.
Guillaumelle
Toulouse.
1886.

Jean-Marie Delaux.
Jeanne Fauré.
1889.

Jean Delaux. — Bernarde Lasbax. — 1840.

Michel Delaux.
Cécile Gélis.
1868.

—

Jacques Delaux.
Elisabeth Tourens.
1899.

Raymond Delaux.
Marie Azéma.
1874.

Antonin Delaux.
Marie Marignac.
1877.

Jean-Marie Delaux.

Arnaude Bouville
(1re femme).
1870.

—

Michel Delaux.

Marie Barutel
(2e femme).
1892.

Antoine Delaux.
Marie Catala.
1848.

TABLEAU XI.

Famille Delaux. (Branche collatérale.)

Jean Delaux, marié à Charlotte Maupas. — Vers 1740.

François Delaux.

Marianne Pinel, 1re femme. 1767.	Catherine Darolles, 2me femme. 1769.	Marguerite Clavé, 3me femme. — 1774.

Marguerite Clavé, 3me femme. — 1774.

Simon Delaux.

Antoinette Abadie, 1re femme, 1805.

Jacquette Duclerc, 2me femme. — 1809.

Bertrand Delaux. Jeanne Escot. 1854.	François Delaux. Jeanne Barthuère. 1839.	Jean Delaux. Jeanne Guillamède. 1844.	Guillaume Delaux. Catherine Raynaud. 1844.
	Simon Delaux.	—	—
		François Delaux. Françoise Jean. 1876.	Bertrand Delaux. mort en 1900.

Simon Delaux :

Louise Rivals, 1re femme. 1867.	Rosa Benech, 2me femme 1896.

Pierre Delaux.

Jeanne Daubert, 1re femme.

Louise Vignaux, 2me femme. 1833.

Jean Delaux. Claire Vié. — 1830.

Jean Delaux. Catherine Maupas. 1861.	Jean-Marie Lelaux. Marguerite Vert. 1881.

Bertrand Delaux. Marguerite Laforgue. 1891.	Louis Delaux. Jeanne Dussol. 1897.
	—
	Au Fauga.

TABLEAU XII.   Famille Dénémix (1ʳᵉ branche).

Pierre Dénémix, marié à Peyronne Rigal. — 1656.

Dominique Dénémix. — Jacquette Escot. — 1690.

Jean Dénémix. — Jeanne Révély. — 1729.

Pierre Dénémix. — Marie Delaux. — 1759.	Jean-Pierre Dénémix. — Françoise Calfopé. — 1789.

TABLEAU XIII.   Famille Dénémix (2ᵐᵉ branche).

Jean Dénémix, marié à Françoise Caperan, en 1663.

	Guillaume Dénémix. — Jeanne Laux. — 1701.
François Dénémix. Jammette Baylac. 1693.	François Dénémix. — Claires Escot. — 1727.
	Pierre Dénémix. — Germaine Rolland. — 1867.
	François Dénémix. — Jeanne Delaux. — 1795.

Guillaume Dénémix. Jeanne Boyer. 1721.	Pierre Dénémix. Marie Libaros. 1730.	Raymond Dénémix. — Michelle Daillet. Vers 1820.		Pierre Dénémix.	
Pierre Dénémix. Marie Dupuy. 1757.	Arnaud Dénémix. Antoinette Chaubet. 1765.	François Dénémix.		Catherine Rouzié (1ʳᵃ femme). 1824.	Marie Bert (2ᵉ femme). 1857.
Pierre Dénémix. Gabrielle Caperan. 1789.		Françoise Chaumeton (1ʳᵉ femme). 1845.	Pascale Sénac (2ᵉ femme). 1856.		

TABLEAU XIV.   Famille Dénémix (3me branche).

Michel Dénémix.

Peyronne Doustens (1re femme). — 1680.

Guillaume Dénémix. — Guillaumette Carrière. — 1715.

Antoinette Fournère, 2me femme. 1697.

Jean Dénémix.

François Dénémix. Elisabeth Dalbaine. 1761.

Geneviève Chaumeton (1re femme). — 1758.

Jean Dénémix. — Jeanne-Marie Bergès. — 1784.
Jean Dénémix. — Jeanne Bergues. — 1824.
Jean Dénémix. — Marianne Chanteloup. — 1849.
Marius Dénémix.

Anne Semmène, 2me femme. 1766.

Eléonore Bédéry, 1re femme. — 1877.

Joséphine Ponsarnaud, 2me femme. — 1890.

TABLEAU XV.   Famille Dufaud.

Antoine Dufaud, marié à Marie Campistron. — Vers 1690.

Pierre Dufaud. — Françoise Clauzel. — 1722.

Jean Dufaud. — Fabiane Lafitte. — 1741.

Antoine Dufaud. Cécile Février. 1760.

Pierre Dufaud. Jacquette Dénémix. 1764.

Joseph Dufaud. Jeanne Delaux. 1769.

Raymond Dufaud.

Antoinette Rouy, 1re femme. 1777.

Jeanne Loubet, 2me femme. 1778.

Pierre Dufaud. Antoine Gazagne. 1823.

TABLEAU XVI.

Famille Durantou.

Guillaume Durantou, propriétaire, en 1640.

Pierre Durantou, marié à Julienne Garric, en 1671.

Jammet Durantou.

Jean Durantou. Jeanne Chaumeton. 1735.	Guillaume Durantou. — Antoinette Bergès. — 1741.				Jean Durantou. Jacquette Siris. 1774. (Voir tableau XVII.)	Jean Durantou. Guillaumette Dadé. 1747.
	Jammet Durantou. — Antoinette Siris. — 1767.					—
	Arnaud Durantou. Françoise Rolland. 1795.	Jean Durantou. Marie Fauré. 1804.	Jean Durantou. Hélène Garric.	Guillaume Durantou. Guillaumette Grimaud.		Dominique Durantou Antoinette Jolibert.
	Guillaume Duranton. Marie Fauré. 1817.	Jean Durantou. Guillaumette Fauré. 1837.		Jean. Durantou. Jacquette Lafont. 1827.	Jean Durantou. Jeanne Toulouse. 1829.	—
	Jean Durantou. Guillaumette Caperan 1844.	Jean-Marie Durantou Marie Bourjac. 1875.	à Colomiers.		Antoine Durantou. Marie Delaux. 1861.	
	Bertrand Durantou. Eléonore Bédéry. 1880.				Jean Durantou. Louise Ridois. 1887.	

TABLEAU XVII. — Famille Durantou.

Jean Durantou. — Jacquette Siris. — 1774.

Guillaume Durantou. — Bertrande Figarède.					Jammet Durantou. Germaine Grimaud.	Guillaume Durantou. Françoise Caperan. 1809.	
Pierre Durantou. Claire Palanque. 1824.	Jacques Durantou. Elisabeth Dévésy. 1829. — Antoine Durantou. Claire Jeandreau. 1868. A Toulouse.	Louis Durantou. Jeanne Guéry. 1837.	Jean Durantou. Antoinette Vié. 1839.	Pierre Durantou. Guillaumette Grimaud. 1845.		Louis Durantou. Jeanne Delort. 1845. — François Durantou. Marie Capdasé. 1892. — Louis Durantou.	Jean Durantou. Bertrande Fauré. 1844.
		Guillaume Durantou. Thérèse Andrian. 1859. — A Toulouse.	Jean Durantou. Marie Jean-Louis. 1868.				

TABLEAU XVIII.

Famille Fauré.

Pierre Fauré, marié à Guillaumette Laffont, en 1684.

Arnaud Fauré. — Arnaude Azéma. — 1712.

Jean Fauré.
Gabrielle Toulouse.
1745.
—
Jean Fauré.
Françoise Marignac.
1786.

Guillaume Fauré. — Guillaumette Pader. — 1747.

Jean Fauré.
Jeanne Martres.
1771.
(Voir tableau XIX.)

Jean Fauré.
Izabeau Martres.
1773.

Pierre Fauré. — Guillaumette Dénémix. — 1779.

Jean-François Fauré.
Jeanne Lafont.
1809.

Pierre Fauré.
Basilide Esquerré.
1850.
—
Jean-Marie Fauré.
Bernarde Dénémix.
1881.

Gabriel Fauré.
Jeanne Delaux.
1846.

Jean Fauré.

Marguerite Cantayré,
1re femme.
1810.

Jeanne Guillamède.
2me femme.
1813.

Gabriel Fauré.
Catherine Laffont.
1822.

Antoine Fauré.
Marie Bégué.
1788.

TABLEAU XIX.

Famille Fauré.

Jean Fauré, marié à Jeanne Martres en 1771.

Louis Fauré.	Jacques Fauré.	Jean Fauré.	Gabriel Fauré. — Marie Baylac.	
Antoinette Durantou. 1804. — Jean Fauré. Anne Brousse. 1832. — A Tournefeuille	Jeanne Figarède. 1808. — Jean Fauré. Marguerite Grimaud. 1842. — Jean Fauré. Françoise Rolland. 1869.	Jeanne Garric, 1re femme. Vers 1810.	Jean Fauré. — Jeanné Vié. 1825.	Pierre Fauré Marie Cabriforce. — A Tournefeuille
	Pierre Fauré. Jeanne Gaspard. 1897.	Bernard Fauré.	Louise Dalies 2me femme. 1813. — Arnaud Fauré. Marie Bedel. 1836. — A Lardenne.	Arnaud Fauré. Françoise Bruyères. 1852.

Jean Fauré. — Marie Marquet, 1re femme. 1852. — Guillaume Fauré. A Rouen. — Marguerite Jassereux, 2me femme. 1872.

TABLEAU XX.

Famille Figarède.

Pierre Figarède, marié à Jeanne Thiers en 1697.

Jean Figarède. — Cécile Siris. 1718.			Guillaume Figarède. — Catherine Lamarque. 1723.			Jean Figarède. Jeanne Rigaud. 1730. (Voir tableau XXI.)
Arnaud Figarède Jeanne-Thérèse Delaux. 1763.	Arnaud Figarède. Bernarde Grimaud. 1771. — Pierre Figarède. Catherine Sérié. — L'abbé Jacques Figarède, né en 1817, mort en 1885.	Jean Figarède. Anne Grimaud. 1772.	Raymond Figarède. Bernarde Seignan 1762.	Arnaud Figarède. Marie Lafont. 1773.	Arnaud Figarède. Jacquette Laux. 1779. — Arnaud Figarède. Dominge Boubènes. 1813. Salvy Figarède. Guillaumette Fauré. 1840. — Jean Figarède. Françoise Durantou. 1868. — Joseph Figarède. Marguerite Groc. 1894.	

TABLEAU XXI.

Famille Figarède.

Jean Figarède, marié à Jeanne Rigaud en 1730.

Jean Figarède. — Jammette Bordes. 1762.	Jean Figarède. Marguerite Estabielle. 1771.	Antoine Figarède. Bertrande Gaspard. 1777.	Raymond Figarède. Françoise Caperan 1784.	Jean Figarède. Claire Labat. 1787.
Pierre Figarède. — Juliette Durantou. 1789.	—			—
Pierre Figarède.	Jean Figarède. Jeanne Marignac. 1802.			Jean Figarède. Anne Colomiès. 1813.
Marie Delaux, 1re femme. 1823. — Elisabeth Brousse, 2e femme. 1828.				

TABLEAU XXII.

Famille Fourtané.

Géraud Fourtané, marié à Bertrande Siris en 1674.

Arnaud Fourtané. — Jeanne Ville. — 1703.

Nicolas Fourtané. — Guillaumette Serres. — 1728.

Nicolas Fourtané. — Marie Carrière. — 1758.		Raymond Fourtané. Françoise C*** 1767.	Raymond Fourtané. Jeanne Amiel. 1772.
Raymond Fourtané. Françoise Riquet. 1789.	Antoine Fourtané. Marguerite Vignaux. 1796.		

TABLEAU XXIII.

Famille Grimaud

Jean Grimaud, propriétaire en 1603.

Ramond Grimaud, successeur en 1624.

André Grimaud

Jean Isaac. Grimaud. Géraude Bordes. 1657.

Pierre Grimaud. Jean Grimaud.

Arnaude Cassin.

Bertrande Carrière. 1re femme. 1660.

Guillaumette Rolland, 2me femme. — 1672.

Jean Grimaud. Bertrande Toulouse. — 1696.

André Grimaud. Claire Cassé. 1724.

Jean Grimaud. — Marie Périgord. — 1730.

François Grimaud. Elisabeth Averan.

Jean Grimaud.

Pierre Grimaud.

Catherine Marignac. 1re femme. 1777.

Marie Fourtané. 2me femme. 1783.

Nicolas Grimaud. Bernarde Révély.

Guillaume Grimaud. Marie Soulié. 1843.

Jean Grimaud. Guillaumette Carrière. 1701.

(Voir tableau XXV).

Jean Grimaud. Guillaumette Delaux. 1674.

(Voir tableau XXIV).

TABLEAU XXIV. — Famille Grimaud.

Jean Grimaud, marié à Guillaumette Delaux. — 1674.

André Grimaud. — Cécile Rolland. — 1701.

André Grimaud. — Guillaumette Bouville. — 1739.				Jean Grimaud. — Anne Courail. 1741.	
Antoine Grimaud. — Jeanne Carrère. — 1768.	Jacques Grimaud. Dominge Seignan. 1769.	Jacques Grimaud. Julienne Rouy. 1777.	Jean Grimaud. Jeanne Lafitte. 1775.	Charles Grimaud. Jacquette Duclerc. 1779.	
Jean Grimaud. — Guillaumette Dénémix.				Guillaume Grimaud. Marie Laxan. 1809. — Charles Grimaud. Antoinette Durantou. 1832. Etienne Grimaud. Guillaumette Rouy. 1871. Joseph Grimaud.	Jean-Bernard Grimaud. Jeanne Dufaud. 1811.
Jean Grimaud. Elisabeth Trantoul. 1817.	Jean Grimaud. Anne Loubet. 1822. / Jean-Baptiste Grimaud. Jeanne Dénémix. 1851.	Jean Grimaud. Dominge Delaux. 1823.			
	Jean Grimaud. Marie Laforgue. 1876. / Pierre Grimaud. Rosalie Lafont. 1894.				

TABLEAU XXV.   **Famille Grimaud.**

Jean Grimaud, marié à Guillaumette Carrière. — 1701.

Bernard Grimaud.		Jean Grimaud. Bernarde Auriol. 1741.	André Grimaud. — Marie Dangla. — 1753.				
Anne Massé, 1re femme. 1740.	Pétronille Roques, 2e femme. 1757.		Jean Grimaud. — Françoise Seignan. — 1777.				
			Pierre Grimaud. — Françoise Bouville.				
			Jacques Grimaud. Cécile Comby. 1801. — Jacques Grimaud. Anne Brousse. 1839. — Jean Jacques Grimaud.	Jacques Grimaud. Antoinette Fauré. — 1838.		Thomas Grimaud. Antoinette Loubet. 1842.	Raymond Grimaud. Dominge Bessières.
				Pierre Grimaud.	Jacques Grimaud. Justine Loubet. 1869. A Toulouse.		Jean-Marie Grimaud. Marie Bessières. 1886. A Montberon.
				Dominge Durantou, 1re femme. 1862. — Jacques Grimaud. Marie Aubrespin.	Léonie Galtier, 2e femme. 1896.		Etienne Grimaud. Gabrielle Sévérat. 1880. — Raymond Grimaud.

TABLEAU XXVI.

Famille Guillamède.

Bernard Guillamède, marié à Françoise Roudoulés. en 1672.

Jean Guillamède. — Anne Seignes, vers 1700.

François Guillamède. — Jeanne Clavé, vers 1740.

Jean Guillamède. Anne Duboy. 1702.	Jean Guillamède. Gabrielle Delaux. 1707.	Jean Guillamède. Raymonde Bouyssou. 1779.	Jean Guillamède. Guillaumette Bélous. 1785.	Jean Guillamède. Guillaumette Loubet. 1788.
			François Guillamède. Jacquette Clavé. 1811.	Jean Guillamède. Elisabeth Fauré. 1817.
				Jean Guillamède. Thérèse Darolles. 1841.
				Jean Guillamède. Joséphine Marignac. 1870.

TABLEAU XXVII. Famille Lafont.

Bernard Lafont, marié à Marie Fauré, en 1709. | Jean Lafont. — Dominge Mouchet. — 1739.

Etienne Lafont. — Jeanne Laxan. — 1771.		Guillaume Lafont. — Pétronille Laxan. — 1774.				
Etienne Lafont. Julienne Rouy. — 1801.	Jean Lafont. Guillaumette Laxan. 1805.	Etienne Lafont.		Etienne Lafont.	Etienne Lafont.	
Jean Lafont. Julie Amiel. 1839. — Etienne Lafont. Pétronille Grimaud. 1863. Jacques Lafont. Françoise Gazagne. A Toulouse.		Françoise Roudoulés, 1re femme.	Anne Cassé, 2me femme. A Colomiers.	Jeanne-Sophie Robert. 1819. — Guillaume Lafont. Blaisie Dat. — 1848. François Lafont	Jeanne-Ursule Soulés, 1re femme.	Antoinette Béringuier, 2me femme.

TABLEAU XXVIII. Famille Laxan.

Jean Laxan, marié à Catherine Lanes, vers 1700. | Michel Laxan, marié à Fabiane Guillamède, en 1727.

Jean Laxan, vieux. Jacquette Bergès. 1754.	Jean Laxan jeune.		
	Jeanne Rolland. 1re femme. — 1760.	Françoise-Dorothée Fauré, 2me femme. — 1767.	
		Jean Laxan. — Pétronille Hérété. — 1812.	
		Louis Laxan. Elisabeth Lapeyre. 1843.	Jean Laxan. Catherine Bélous. 1843. — Blaise Laxan. Marie Anglosse. 1872.

TABLEAU XXIX.   Famille Loubet.

Guillaume Loubet, marié à Bertrande Toulouse, en 1688.

Vital Loubet. — Jeanne Grimaud. — 1721.				Guillaume Loubet. — Jeanne Grimaud. — 1724.				Guillaume Loubet. Jeanne Chaumeton. 1730.
Jean Loubet. Peyronne Dantin. 1757.	Pierre Loubet. Anne Figarède. 1759. — Jean Loubet. Bertrande Delaux.	Jean Loubet. Anne Ormières. 1777.		Francois Loubet.				
				Françoise Lafitte, 1re femme. 1755.			Françoise Danbian, 2e femme	
		Jean Loubet. Marguerite Rouy. 1803. — Vital Loubet. Elisabeth Collongues. 1839.	Jean-Louis Loubet. Marie Balancy. 1809.	Pierre Loubet. — Jeanne Lafont. 1796.			Pierre Loubet. Marie Delaux 1791.	
	Jean-Baptiste Loubet. Françoise Toulouse. 1825.			Pierre Loubet. Claire Loriot. 1837.		François Loubet. Jeanne Vignaux. 1831.	Pierre Loubet. Guillaumette Montfort. 1829.	
	Jean Loubet. Guillaumette Toulouse. 1830. — Nicolas Loubet. Louise Vié. 1860. — Jean-Baptiste Loubet. Anna Montfort. 1893. à Colomiers			Pierre Loubet. Claire Durantou. 1861.			Jacques Loubet. Louise Baqué. 1854. — Guillaume Loubet. Jeanne Dulong. 1899.	
				Etienne Loubet. Marie Moulères, 1888.	Jean Loubet. Marie Carrié. 1899.			

TABLEAU XXX. **Famille Marignac.**

Jean Marignac, marié à Jeanne Dupuy, en 1721.

<table>
<tr>
<td colspan="2">Pierre Marignac. — Germaine Sénac.
1746.</td>
<td colspan="4">Pierre Marignac. — Françoise Lafite. — 1758.
Joseph Marignac. — Jacquette Cassaigne. — 1790.</td>
</tr>
<tr>
<td colspan="2">Raymond Marignac. — Arnaude Azéma.
1775.</td>
<td colspan="3">Jacques Marignac. — Marguerite Bouville.
1814.</td>
<td>Jean Marignac.
Bertrande
Averan.
1825.
—
Joseph
Marignac.
Bertrande
Ayrolles.
—
A Toulouse.</td>
<td>Jean Marignac.
Mort à Paris.
—</td>
</tr>
<tr>
<td colspan="2">Pierre Marignac. — Guillaumette Fauré.
1803.</td>
<td>Joseph
Marignac.
Mort à
Chambéry.
1865.</td>
<td>Jean Marignac.
Mort à
Toulouse.
1899.</td>
<td>Thomas
Marignac.
Marie
Gaillardie.
1843.
—
Raymond
Marignac.
Jeanne Vidal.
1886.</td>
<td></td>
<td></td>
</tr>
<tr>
<td colspan="2">Pierre Marignac.
Jeanne Fauré.
1825.</td>
<td rowspan="2">Jean Marignac.
Marie.
Mariée 1835.
—
Famille
de Lardenne.</td>
<td></td>
<td></td>
<td></td>
<td></td>
</tr>
<tr>
<td>Pierre
Marignac.
Marie Martinet.
1860.</td>
<td>Louis
Marignac.
Jeanne Delaux
1854.</td>
<td></td>
<td></td>
<td></td>
<td></td>
</tr>
</table>

TABLEAU XXXI.

Famille Montet

Benoît Montet. — Jeanne Sénac. — 1745.

Gabriel Montet. — Françoise Fauré. — 1786.

Pierre Montet. — Marie Trantoul. — 1813.

Antoine Montet.
Guillaumette Crambat.
1827.

Gabriel Montet. — Jeanne Daubert. — 1841.

Jean Montet. — Claire Palanque. — 1841.

Pierre Montet. — Marguerite Nouziès.
1868.

Pierre M.
Charlotte Rigaud.
1866.
—
Jean-Marie Montet.

Pierre Montet. — Marie Racaud.
1874.

Gabriel Montet.
Jeanne Bourbougne.
1895.
—
à Seilh.

Vincent Montet.
Jeanne Devic.
1901.

Marius Montet.

Bertrand Montet.

TABLEAU XXXII. — Famille Rigaud.

Claude Rigaud, marié à Jeanne Rieupeyrous, né en 1574, mort en 1690.

François Rigaud. — Bertrande Toulouse.

Claude Rigaud. — Jeanne Grimaud.

Antoine Rigaud. — Jeanne Colonges. — 1725.					Antoine Rigaud. — Marie Colonges.		
Claude Rigaud. — Antoinette Dufaud. — 1763.			Séverin Rigaud Guillaumette Dénémix. 1767. A Lardenne.		Jean Rigaud. — Guillaumette Durantou.		
Arnaud Rigaud. → Marie Rigaud.				Pierre Rigaud. Jeanne Delaux. 1811.	Guillaume Rigaud. Françoise Bélous. — 1811.		
Jean-Baptiste Rigaud. Rose Delaux. 1816. — Antoine Rigaud Anne Estellé. 1849. — Bernard Rigaud Philomène Grimaud. 1871. Antonin Rigaud. Maria Ducassé. 1898.	Jean Rigaud. Dominiquette Delaux. 1826. Jérôme Rigaud Marie Barichou 1858. Antonin Rigaud. Antoinette Sarlaboux. 1888. — Saturnin Rigaud. à Maubec.	Jean-Baptiste Rigaud. Marie Guelphe. A Lardenne.			François Rigaud. Marie Daubian. 1845.	Jean Rigaud. Jacquette Rolland. 1849. — François Rigaud. Marie Roussel. 1874.	Jean-François Rigaud. Marie Salère. 1844. — Etienne Rigaud. Marie Daubert. 1882.

TABLEAU XXXIII.

Famille Rolland.

Première branche.
Salvy Rolland, marié à Antoinette Chaumeton en 1683.
Bernard Rolland. — Bertrande Sénac. — 1722.
Ils n'eurent qu'une fille, Jeanne, mariée à Vital Delibes en 1746.

Deuxième branche.
Pierre Rolland. — Peyronne Bessières. — 1686.
Bernard Rolland.
Géraude Daubèze, 1re femme. — 1718. | Antoinette Escot, 2me femme. — 1726.

Troisième branche.
François Rolland. — Marie Rouy. — 1675.
Jean Rolland. — Jeanne Grimaud. — Vers 1700.

Arnaud Rolland. Marie Sénac. 1726. — Pierre Rolland. Jeanne Laxan. 1764.	Jean Rolland. — Antoinette Galinat, vers 1740.	Pierre Rolland. — Bernarde Laxan. — 1780.		
	Jean Rolland. Jeanne Montet. — Pierre Rolland. Bertrande Grimaud. 1845.	Pierre Rolland. Antoinette Trantoul. 1811.	Guillaume Rolland. Jacquette Daubert. 1813.	Etienne Rolland. Marguerite Palanque. — Pierre Rolland. Jeanne Plantade. A Toulouse.

TABLEAU XXXIV. — Famille Rouy.

Nicolas Rouy, marié à Anne Cluzet, vers 1690.

Antoine Rouy. — Michelle Bousquet. — 1714. Pierre Rouy. — Julienne Durantou. — 1741. Jacques Rouy. — Domenge Bernès. — 1774.			Arnaud Rouy. Jeanne Dours. 1717. — Jean Rouy. Jeanne Carrière. 1747. — Antoine Rouy. Bertrande Gimac. 1772.
Jacques Rouy. Antoinette-Guillaumette Capéran. 1808.	Thomas Rouy. — Bernarde Delaux. — 1805.		
	Antoine Rouy. Guillaumette Toulouse. 1834.	Jacques Rouy. — Jeanne Loubet. 1846. M. l'abbé Nicolas Rouy.	

TABLEAU XXXV. — Famille Sévérat.

Pierre Sévérat, né en 1764. — Catherine Delaux, née en 1767.

Antoine Sévérat.		Raymond Sévérat. — Bernarde Fauré. 1829.	
Charlotte Toulouse, 1re femme. — Pierre Sévérat. — Pétronille Gaspard. — 1843.	Gabrielle Fauré, 2me femme.		
Antoine Sévérat. Jeanne Rivière. 1869.	Raymond Sévérat. Hélène Delapart. 1880. à Toulouse. — Antonin Sévérat.	Pierre Sévérat. Guillaumette Loubet. 1856.	Jacques Sévérat. Thérèse Delapart. 1860.

TABLEAU XXXVI.

Famille Sicres.

François Sicres, marié à Dame Mouchet, sœur de Vital Mouchet, vers 1710.

(1re branche) Vital Sicres. — Jeanne Délibes. 1741.		(2me branche) Jean Sicres. — Dominge Lavigne. 1747.	
Antoine Sicres. Françoise Sotoul. 1774. — François Sicres. Germaine Dardenne. Né en 1780. Mort en 1842. — Edmond Sicres. Né en 1815. Mort en 1867.	Bernard Sicres. Germaine Barrat. Né en 1741. Mort en 1819.	Antoine Sicres. Jacquette Escot. 1788.	Bernard Sicres. Marie Rivière. 1787
		Les descendants de cette branche sont dispersés à Tournefeuille, Lardenne et Saverdun.	

TABLEAU XXXVII.

Famille Toulouse.

(Première Branche)

Bernard Toulouse, marié à Catherine Rigaud, en 1690.

Jean Toulouse, marié à Géraude Rolland, en 1712.

Jean Toulouse. Marie Poussi. 1755.	Jean Toulouse. — Bernarde Bouville. — 1760.
	Joseph Toulouse. — Anne Fougasse. — 1799.
	Pierre Toulouse.

Fabiane Bélous. (1re femme). — 1831. — Joseph Toulouse. Rose Montagnac. 1858.	Claire Déjean. (2me femme). — 1839.

TABLEAU XXXVIII.   Famille Toulouse (2me branche).

Claude Toulouse, marié à Gabrielle Delaux, en 1693.

Antoine Toulouse· Jeanne-Marie Costes. 1721.	Jean Toulouse. — Guillaumette Grimaud.					Jean Toulouse. Françoise Campadieu.
	Jean Toulouse. Marie Bouville. 1758.	Antoine Toulouse. Cécile Mène. 1758.	Jean Toulouse. — Anne Dufaud. — 1667.			
			Nicolas Toulouse. Arnaude Delaux. 1810.	Blaise Toulouse. Françoise Dénémix. 1799. — Nicolas Toulouse. Guillaumette Gimac. 1836. — François Toulouse. Germaine Durantou. 1859.	Antoine Toulouse. Jeanne Rolland. — Nicolas Toulouse. Thérèse Cazals. 1849.	

TABLEAU XXXIX.   Famille Toulouse (3me branche).

Pierre Toulouse, de Blagnac, marié à Jeanne Danflous. vers 1770.

Jean Toulouse. — Anne Dardenne. — 1803.

Pierre Toulouse. Marie-Jeanne Duboy. 1830.	Jean-Pierre Toulouse. - Françoise Dufaud. — 1831.			Jean Toulouse. Jeanne Guillamède. 1841.
	Guillaume Toulouse. Elisabeth Grimaud. 1859. — Jean-Marie Toulouse. Marguerite Ducros. 1886.	Jean Toulouse.		Jean Toulouse. Marie Chaumeton. 1875. — Bertrand Toulouse.
		Marguerite Chanteloup, 1re femme. 1860.	Françoise Vidal, 2e femme. 1867. — Albert Toulouse.	

TABLEAU XL.   Famille Trantoul

Michel Trantoul, propriétaire en 1640.

Pierre Trantoul. — Jeanne Lalanne. 1660.	Nicolas Trantoul. — Guillaumette Escot. — 1680.
	François Trantoul. — Catherine Revolse. — 1712.
	Laurent Trantoul — Toinette Cantayre. — 1739.
	Pierre Trantoul. — Françoise Durantou. — 1771.

Nicolas Trantoul. Françoise Lasvignes. 1803.	Jean Trantoul. Gabrielle Montet. 1809.	Jean Trantoul. Elisabeth Seignan. 1819. — Guillaume Trantoul. Jeanne Grimaud. 1847.

Table des Matières

Toulouse. — Imp. Saint-Cyprien, allées de Garonne, 27.

ERRATA

Page 29, ligne 19, au lieu de *Castres*, lisez *Crastres*.

Page 34, ligne 14, au lieu du mot *hopital*, lisez *hospital* (maison où on donnait l'hospitalité aux voyageurs et aux pèlerins).

Page 34, ligne 28, au lieu de *maison actuelle et jardin de Madame Castex*, lisez *maisons et jardins de M. Lavigne et de Madame Castex*.